Über dieses Buch:

Die Sozialpsychologie hat es mit der Wirklichkeit des Menschen in der Gesellschaft zu tun. Entstanden aus der Erfahrung tiefgreifenden soziokulturellen Wandels, der überkommene Annahmen in Frage stellte und nach neuen Erklärungen und Verhaltensweisen verlangte, hat sie sich bisher in Form von komplementären Teilgebieten verschiedener Wissenschaften etabliert, insbesondere der Psychologie und der Soziologie. Heute steht die Sozialpsychologie vor der Aufgabe, sich zu einer eigenständigen, integrierenden Wissenschaft weiterzuentwickeln. Dieser Herausforderung stellt sich die vorliegende Einführung.
Im Rahmen einer Bestandsaufnahme und kritischen Bestimmung von Ausgangspositionen werden die wichtigsten Theorieansätze dargestellt. Die Grundlegung der Sozialpsychologie erfolgt sodann über die zentralen Themen »Identität«, »Gruppe« und »Kommunikation«, der Versuch der Integration im Blick auf soziale Einstellungen und Verhaltensweisen anhand von Theorieansätzen aus der Vorurteils- und Aggressionsforschung. Abschließend werden die gewonnenen Erklärungen mit der Realität konfrontiert durch die Frage nach ihrem Erkenntniswert und nach praktischen Interventionsmöglichkeiten, vor allem für Einstellungsänderungen. Speziell aufbereitete Literaturhinweise dienen der themenbegleitenden Arbeit und dem Weiterstudium.

Dr. phil. Hermann *Müller,* geboren 1924, ist Professor an der Universität Frankfurt/Main, Fachbereich Gesellschaftswissenschaften, Abteilung für Sozialisation – Sozialpsychologie.

Schwerpunkte der Soziologie

Herausgeber:
Helmut Essinger, Hermann Müller,
Gerhard Schmidtchen

Hermann Müller

Sozialpsychologie

Zugänge – Brennpunkte – Aufgaben

Kösel-Verlag München

CIP-Kurztitelaufnahme der Deutschen Bibliothek

Müller, Hermann
Sozialpsychologie : Zugänge, Brennpunkte, Aufgaben.
– München : Kösel, 1977.
(Schwerpunkte der Soziologie)
ISBN 3-466-32005-4

Printed in Germany. Gesamtherstellung: Kösel, Kempten
Umschlaggestaltung: Günther Oberhauser, München

Vorwort

Jedes Buch ist eine Zumutung; sie positiv einzulösen, ist seine Aufgabe, für die schon das Vorwort Weichen stellen will.

Die Horizonte, in die dieses Buch sich entfaltet, sind die Wirklichkeitsbereiche der Sozialpsychologie. Wieweit die menschliche, sozial vermittelte Wirklichkeit durch die Sozialpsychologie bewußt erfaßt und erkannt werden kann, hängt ab vom Stand der Theoriebildung und der empirischen Forschung. Im Nachvollzug unterschiedlicher Entwicklungsverläufe wird deutlich, daß Theorieinteressen und -zwänge von Philosophie, Soziologie und Psychologie bestimmende Einflüsse haben.

Heute steht die Sozialpsychologie vor der Aufgabe, die Schwelle zur eigenständigen Wissenschaft zu überschreiten und das zu leisten, was sie bisher ihrer Wirklichkeit gegenüber schuldig geblieben ist.

Im Rahmen einer Bestandsaufnahme und kritischen Bestimmung von Ausgangspositionen für den Übergang von komplementären wissenschaftlichen Teilbereichen zu einer integrierenden Wissenschaft will das Buch für alle sozial orientierten Studien- und Ausbildungsgänge und für die Fortbildung innerhalb von Berufsvollzügen Einstiege bieten in die Sozialpsychologie und dabei die intensive Zuwendung zu speziellen Fragen fundieren.

Das Buch geht zugleich auch ein auf individuelle Erfahrungen und Motivationen in lebensgeschichtlichen Zusammenhängen. So hat sich auch der Autor über professionelle Begründungen des Lehrens und Forschens hinaus nach den persönlichen Gründen eines Handelns zu fragen, das darin besteht, ein Buch zu schreiben. Ich glaube, mich hat eine Erfahrung stark bestimmt, mit der ich nicht »fertig« werde. Es ist die Erfahrung, daß die »große Theorie« auf die einzelnen Menschen nicht eingeht, daß sie ihr Elend in Kauf nimmt oder es sogar betreibt. Theorie versagt sich in einem bestürzenden Maße dem Menschen als Individuum. Ich halte es für die Aufgabe der Sozialpsychologie, demgegenüber eine Theorie des sozialen und kulturellen Subjekts zu entwickeln.

Wenn das Buch die Sache durchhält, um die es geht, und wenn es ihm gelingt, redlich zu den Lesern zu sein im Darstellen und Hinterfragen, dann ist dies in hohem Maße ein Verdienst von Dr. Hubert Stadler im Kösel-Verlag. Er hat mit großer Sachkenntnis und umfassendem Problembewußtsein geholfen, Klippen zu überwinden und Kurs zu halten.

Hainburg, im August 1977 *Hermann Müller*

Inhalt

Einführung

Erkenntnisziel: Soziale und kulturelle Handlungsfähigkeit

Der Mensch ist darauf angewiesen, sich seiner Umwelt gegenüber erkennend zu verhalten. Er ist nicht in sie hineingebunden wie die anderen Lebewesen, sondern er hat sich von ihr gelöst, er hat Distanz zu ihr. Erkennen schafft Distanz und bewältigt sie zugleich. Die Gefahr der Distanz liegt darin, daß der Mensch Wirklichkeit verliert oder wahnhaft zerstört, wenn es ihm nicht gelingt, denkend und handelnd Wirklichkeit zu entwickeln und zu vertiefen. Die Chance der Distanz liegt darin, daß der Mensch handlungsfähig wird der Umwelt gegenüber, daß er eigene Interessen und Bedürfnisse in die Wirklichkeit einbringen kann.

Im Verlauf des Erkennens und Entwickelns von Wirklichkeit ist es sinnvoll, zwei Wirklichkeitsbereiche zu unterscheiden: die naturbestimmte und die soziokulturell bestimmte Wirklichkeit. Vor der Natur hat sich das Netzwerk der Naturwissenschaften bewährt, das freilich nicht zu übertragen ist auf den soziokulturellen Bereich menschlicher Wirklichkeit. Die beiden Bereiche unterscheiden sich vor allem dadurch, daß die Natur vorgegeben und konstant ist und sich dem erkennenden Zugriff als verläßliches und berechenbares Objekt bietet, während die soziokulturelle Wirklichkeit in ihrer Entwicklung offen ist und dauernd verändernde Schübe von Zuwachs oder Abbau erfährt. Mit jeder Minderung, mit jedem Versagen des Erkennens verrätselt sich Wirklichkeit.

Verwirrende soziokulturelle Entwicklungsschübe sind in der Gegenwart besonders stark. Die Wirklichkeit, in der wir leben, ist mit einem schweren, scheinbar unlösbaren Puzzle vergleichbar. Dabei ist ein Wandel eingetreten. Das Bild der sozialen Wirklichkeit ist vielfältiger und komplexer geworden. Schwierig auffindbar sind auch Beurteilungskriterien und Anhaltspunkte geworden, von denen man heute ausgehen könnte. Dem Verständnis der Vergangenheit kommt es näher, von einem Mosaikbild der Gesellschaft und des Menschen auszugehen. Der Unterschied zum Puzzle ist der, daß das Bild schon besteht, daß nur viele Menschen es nicht richtig sehen und erkennen können, weil sie zu nahe dranstehen. Wer zu nahe an einem Mosaikbild steht, sieht nur farbige Flecken. Er muß weiter zurückgehen und Distanz gewinnen zu dem Bild, dann kommen auf einmal die Zusammenhänge heraus. Das Bild gewinnt Konturen, es ist immer besser und klarer zu erkennen. Die allzugroße

Nähe verwirrt, man »sieht den Wald vor lauter Bäumen nicht«, man kann die Chiffren, die Zeichen nicht deuten. Erst vom richtigen Standpunkt aus, im rechten Licht läßt sich das Bild erkennen. Das richtige Erkennen, vom richtigen Standpunkt aus und durch das richtige Licht, nannte die griechische Philosophie Theoria. Theorie heißt erkennende Sicht, die das Wirkliche an der Wirklichkeit erkennt. Für diese Sicht braucht man Augen, die sich nicht täuschen lassen vom Schein, die durch die Verwirrung des Zufälligen hindurch das Gültige sehen.

Aber die bisherigen Theorien vom Menschen und von der Gesellschaft stimmen nicht mehr. Die Grundannahmen und Prinzipien, die Kriterien und Gesichtspunkte, von denen man ausgehen konnte, helfen nicht mehr, Beziehungen und Zusammenhänge, Prozesse und Entwicklungen zu erklären. Die Annahme eines vorgegebenen Zusammenhangs, eines geordneten Kosmos, in dem die Menschen in der Gesellschaft Mosaiksteine sind und zugleich befähigt, das ganze Bild zu schauen, ist immer weniger aufrecht zu erhalten. Das Mosaikbild vom Menschen und der Gesellschaft, das die Philosophie vor Augen hatte, zerbröckelt. Es wird zu einem Haufen von Puzzlestücken. Wie soll man diese Stücke zusammensetzen? Nach einem zufälligen Zusammenpassen oder auf eine neue Sicht hin?

Unter den fragwürdig gewordenen Annahmen sind hier drei hervorzuheben:

(1) Die menschliche Gesellschaft befindet sich, so lautet die erste Annahme, von gelegentlichen Rückschlägen abgesehen, in einer kontinuierlichen Fort- und Aufwärtsentwicklung. Es entspricht dem abendländischen Geschichtsbewußtsein, Geschichte als eine Fortentwicklung zu sehen, die im tiefsten Plan der Natur liegt, die Natur »erlöst«. Dieses zukunftsorientierte Geschichtsbewußtsein hat sich durchgesetzt gegenüber einem frühen antiken Bewußtsein, das Geschichte als Verfallsgeschichte sah. Das goldene Zeitalter hatten danach die Menschen immer schon hinter sich. Im späteren Geschichtsbewußtsein liegt das »goldene Zeitalter« in der Zukunft als Ergebnis eines andauernden Fortschritts. Als Motor des Fortschritts gilt die technische und wirtschaftliche Entwicklung. Die Annahme, daß »die guten Jahre vor uns liegen«, daß die menschliche Gesellschaft dem Gipfel der Perfektion und die Menschheit ihrem glücklichsten Zustand entgegensehen, ist heute zwar nicht eindeutig in ihr Gegenteil gekehrt, aber sie löst sich auf in lauter Widersprüche. Der technische Fortschritt als Leitschiene des Fortschritts insgesamt rechtfertigt nicht mehr einen vollen Optimismus, sein Grenznutzen wird immer geringer; oft scheint der Schaden größer als der Nutzen. Bei der Prophezeiung »Die Zukunft hat schon begonnen« mischt sich zur Erwartung das Unbehagen. Das heißt: Die Entwicklung der

Gegenwart und die Erfahrungen, die wir mit ihr machen, reimen sich nicht mit bisherigen Erklärungsmustern der Gesellschaft.

(2) Eine weitere Annahme, von der man bisher ausging, ist die, daß der Mensch das Geniestück der Natur ist. Er hat das Erbe der Natur anzutreten und er gilt als dazu befähigt. Das bedeutet, daß er ein solches Eigengewicht an inneren Anlagen und Fähigkeiten hat und daß er sie derartig geschlossen entwickeln und einsetzen kann, um einen Gegenpol zu bilden. Heute gewinnt die Frage an Gewicht, worin dieser »Widerstandskern« der Individualität gegenüber dem Außen der Natur besteht und nicht nur zum Außen der Natur. Denn der Mensch gerät zu den gesellschaftlichen Lebensformen, die er entwickelt, immer mehr in Distanz. Sie werden für ihn auch zum Außen.

Die Philosophie ist von dem Gedanken ausgegangen, daß der Mensch im Dienst der Vernunft steht. Besonders Hegel hat davon gesprochen, daß sich die objektive Vernunft der Individuen bedient, um sich selbst zu verwirklichen. Die jüngste Geschichte hat ihre Fragezeichen hinter diese Annahme gemalt. Damit ist auch die Frage nach dem Menschen als objektivem Bestimmungsfaktor wieder offen. Sieht man ihn im Kontext der Natur, dann erscheint er leicht als ein Experiment, das sich zunehmend als Fehlschlag erweist.

(3) Im Zusammenhang mit den Annahmen einer eindeutig bestimmbaren gesellschaftlichen Entwicklung und dem eindeutig bestimmbaren Eigengewicht des Menschen steht auch die Annahme einer positiven wechselseitigen Verbindung zwischen Gesellschaft und Mensch. Gesellschaftliche Institutionen und Individuen werden einander zunehmend fremd. Vor allem ist die Frage nach der Leitvariablen in diesem Verhältnis ungeklärt: Ist die Gesellschaft Ausdruck des Menschen, ist sie sein nach außen gekehrtes und verwirklichtes Inneres, oder ist der Mensch Ausdruck der Gesellschaft, ihr Produkt? Wer hat das »Sagen« in den Beziehungen? Und wer hat den Nutzen? Die einfache Gleichung: Was gut ist für die Gesellschaft, ist auch gut für den einzelnen Menschen, ist längst Ideologie. Die Beziehungen sind ambivalent. Die Gesellschaft steht in ihren sozialen und kulturellen Zusammenhängen im Dienst der Selbstverwirklichung des Menschen. Sie ist ein Reich der Freiheit. Sie ist aber auch zugleich ein Reich des Zwanges. Der Mensch findet sich vor in einer »verwalteten Welt« (Adorno), in der er mehr als ärgerlicher Störenfried gesehen und behandelt wird denn als Herr im eigenen Haus.

Wenn das bisherige Verständnis und damit die Handlungsorientierung gegenüber seiner Umwelt für den Menschen aus der Erfahrung von Wirklichkeit heraus nicht mehr stimmen, dann muß nach dem Grad der Unstimmigkeiten gefragt werden und nach den Konsequenzen, die sich daraus ergeben. Entweder handelt es sich nur um Zeit- und Randerscheinungen, um Komplikationen, für die ein einfaches Erklärungsnetz zu grob ist. Dann muß man versuchen, die bisherigen Erklärungen zu verbessern, sie weiter zu entwickeln, den für die gegenwärtige Wirklichkeit richtigen Stand zu erreichen. Viele Theorien leisten das. Sie sind bei auftretenden Schwierigkeiten und Widersprüchen weiterzuentwickeln und zu verbessern.

Dieses Buch geht von der Erfahrung aus, daß in unserer gesellschaftlichen Wirklichkeit und in unseren Erfahrungen über sie so grundlegende Unstimmigkeiten und Widersprüche bestehen, daß sie nicht mehr durch Anpassung bestehender Theorien zu erklären sind, sondern daß neue theoretische Ansätze entwickelt werden müssen, die die Beziehungen zwischen Mensch und Gesellschaft besser ins Licht des Erkennens rücken.

Als neue Theorie, die noch in der Entwicklung begriffen ist, wird die Sozialpsychologie auf ihre Tragfähigkeit und ihre Möglichkeiten hinterfragt. Sozialpsychologie wird als eine Theorie verstanden, die vom Menschen ausgeht und beim Menschen bleibt, die ihn nicht um einer »höheren Wirklichkeit« willen verläßt, auch nicht um der höheren Wirklichkeit der Gesellschaft willen.

Es besteht aller Grund zum Mißtrauen gegen Behauptungen, daß die Gesellschaft in ihren jeweiligen institutionellen Ausprägungen schon weiß, was für den einzelnen Menschen gut ist, und daß er bei ihr am besten aufgehoben sei, und zwar aufgehoben auch im Sinne Hegels, was heißt, daß man in einer guten und richtigen Gesellschaft den Menschen vergessen darf. Im Widerspruch zu diesem Aufgehen des einzelnen in der Gesellschaft stehen Klagen, daß es die Menschen der Gesellschaft schwer machen, ihr Bestes für sie zu tun. Es ist ein verbreitetes Bewußtsein, daß die Gesellschaft alle Hände voll zu tun hat, die Menschen vor den Menschen zu schützen, und daß sie dabei immer mehr mit ihrem Latein am Ende ist.

Die Sozialpsychologie hat ein anderes Interesse und eine andere Sensibilität. Bei ihr ist es der einzelne Mensch, der »Flagge zeigt«. Und dabei erscheint Gesellschaft oft nicht als der Faktor, der die Menschen »stabilisiert«, sondern als einer, der sie schädigt. Für die Frage, ob die Gesellschaft vor den Menschen oder die Menschen vor der Gesellschaft bewahrt werden müssen, wird hier das konkrete Beispiel des jungen Daniel aus dem Frankfurter Raum genannt; aus dem Gerichtsbericht einer Zeitung:

Ein fünfzehnjähriger Junge mit Pausbacken und hoher Kinderstimme bereitet Polizei, Justiz und Jugendamt Kopfzerbrechen. Der Jugendliche mit dem Gesicht eines Barockengels kann zwar ein einfaches Holzpuzzle nicht zusammensetzen, verfügt aber über die Fähigkeiten eines gewieften Autodiebes. Diese Fähigkeiten

hat er in den letzten Wochen und Monaten in einem Maße genutzt, daß die Behörden »die Luft anhalten, daß nichts Schlimmeres passiert« ...
... Eine Jugendrichterin mußte ihn jedoch wieder auf freien Fuß setzen, da ihm in einem Gutachten allenfalls die Reife eines zehnjährigen Kindes bescheinigt wird und er deshalb strafrechtlich nicht verfolgt werden kann...
... Nachdrücklich machte ein Polizeisprecher auf die Gefahr aufmerksam, der die Behörden bislang nicht wirkungsvoll begegnen konnten. »Der Junge muß vor sich selbst geschützt werden und die Bevölkerung vor ihm.« Es sei eigentlich nur noch eine Frage der Zeit, bis er jemand mit einem gestohlenen Auto totfahre (FAZ vom 28. 10. 1976, S. 25).

Im Vordergrund steht die Frage, wie die Gesellschaft mit dem Jungen über die Runden kommt, nicht umgekehrt. Dafür scheint die Zukunft fest programmiert:

Wie es mit Daniel weitergehen soll, scheint so recht niemand zu wissen. Das Jugendamt hält eine neue Untersuchung »in psychiatrischer Hinsicht« für angebracht und hofft im übrigen, den Jungen in einer therapeutischen Wohngemeinschaft im Rheingau unterbringen zu können – wenn er das nächstemal gefaßt wird. Ob Daniel, dem zwar mangelnde Reife und Einsicht bescheinigt werden, der nach den Worten von Jugendrichtern in seiner Raffinesse jedoch seinem Alter weit voraus ist, es dort lange aushalten wird, ist noch sehr die Frage. Er hat nämlich, so die Richterin, »kapiert, daß er alles machen kann, ohne daß ihm etwas passiert«. Wie es bisher aussieht, wird sich der »Fall Daniel«, so brutal es klingt, in drei Jahren von selbst regeln. Dann ist der Junge achtzehn und kann hinter Gitter geschickt werden (a. a. O.).

Für die Sozialpsychologie ist die Frage vorrangig, was zu dieser Entwicklung geführt hat. Ihr geht es nicht darum, Menschen zu etikettieren und sie abzustempeln. Sie geht davon aus, daß Mensch und Gesellschaft in ihren Beziehungen zueinander nicht zutreffend angesprochen wurden und daß aus der Ratlosigkeit und der Not menschlicher Wirklichkeit heraus Theorien und Erklärungen eben dieser Wirklichkeit gefunden werden müssen, die eine notwendige Orientierungs- und Handlungsfähigkeit herstellen. Als die Wissenschaft, die sich in diesem Raum in Theoriestücken und Methodenansätzen entfaltet hat, stellt sich die Sozialpsychologie heute dar.

Der vorliegende Band ist von seinem Thema her darauf angewiesen, reflektierend gelesen und erarbeitet zu werden. Deshalb ist es notwendig zu erklären, wie er aufgebaut ist, welche Denkwege er geht und welche Arbeitsschritte er dabei vollzieht.
Das Buch versteht sich als eine Einführung in die Sozialpsychologie. Dazu ist es zunächst nötig, den gegenwärtigen theoretischen Entwicklungs-

stand zu entfalten. Es fällt auf, daß zwischen dem soziokulturellen Konfliktfeld, das den Wirklichkeitsbereich der Sozialpsychologie ausmacht, ihrem Realobjekt also, und dem Objekt, das die Sozialpsychologie bisher als Wissenschaftsobjekt, als Formalobjekt angenommen hat, ein großer Unterschied besteht (Kapitel 1).
Für den gegenwärtigen Entwicklungsstand ist weiter kennzeichnend, daß Sozialpsychologie sich bisher in Form von Teilgebieten verschiedener Wissenschaften etabliert hat, insbesondere der Psychologie und der Soziologie. Dabei trat die Funktion des Komplementären in den Vordergrund. Sozialpsychologie erweiterte bestehende Wissenschaften und blieb ein Teil von ihnen. Das hat zur Folge gehabt, daß es verschiedene Sozialpsychologien gibt. Diese sind charakterisiert als psychologische und soziologische Sozialpsychologie (Kapitel 2). Die Sozialpsychologie steht gegenwärtig vor der Aufgabe der Integration der verschiedenen Ansätze und damit ihrer Verselbständigung. Diese Situation einsichtig zu machen, ist Aufgabe von Teil I dieses Buches.
Eine Konturierung und Konstituierung der Sozialpsychologie ist heute am ehesten möglich über ihre Gegenstände, Themen und Fragestellungen. Deshalb sind im Teil II die »Brennpunkte« der Sozialpsychologie dargestellt. Sozialpsychologie zentriert sich um folgende Themen: Identität, Gruppe und Kommunikation.
Teil III integriert diese Themen im Blick auf soziale Einstellungen und Verhaltensweisen und zieht dazu verschiedene Theorieansätze aus dem Gesamtbereich der Vorurteils- und Aggressionsforschung heran. Diese Erklärungen werden mit der Wirklichkeit konfrontiert, im Blick auf ihren Erkenntniswert, aber auch im Blick auf Interventionsmöglichkeiten, vor allem für Einstellungsänderungen (Teil IV).

Das Buch bietet vor jedem Kapitel eine Orientierung. Sie soll in die Problemstellung einführen und die wichtigsten Denkvollzüge nennen. Dadurch soll der Leser informiert werden über die Absichten und Ziele des Textes und Distanz zu ihm gewinnen. Die Kapitel der Teile I und III, die stärker theoretisch ausgerichtet sind, sind durch Zwischenüberschriften gegliedert. Problemzusammenhänge werden meist an konkreten Fragestellungen akzentuiert, um der Gefahr der Verkürzung von Beziehungszusammenhängen entgegenzuwirken. So wird für Identität konkret das Thema der weiblichen Identität gewählt (Kapitel 3), für Gruppe das Thema Schulklasse (Kapitel 4).
Einer intensiven themenbegleitenden Arbeit und dem Weiterstudium wollen die Literaturhinweise dienen. Sie gehen besonders auf Fragestellungen ein, die im Mittelpunkt des praktischen Interesses stehen oder für die Theoriebildung wichtig sind.

Teil I

Sozialpsychologie: Die Wirklichkeit sucht ihre Theorie

Kapitel 1: Horizonte der Sozialpsychologie: Menschliche Wirklichkeit und erkennendes Verhalten

Orientierung

In der Charakterisierung der Entwicklung der Sozialpsychologie ist aufzuzeigen, daß sie sich primär nicht im Rahmen der Entwicklung und Entfaltung der Wissenschaften ausgebildet hat. Der Anstoß zur Sozialpsychologie kommt aus der menschlichen Wirklichkeit. Dieser Realitätshorizont wird angesprochen im Abschnitt »Auffälligkeit als Signal sozialer Not«. Wie der Mensch sich erkennend gegenüber Natur und Gesellschaft verhält, wird an Verhaltensmustern untersucht, die in der Antike ausgebildet wurden. Das geschieht im Abschnitt »Rückzug als Überlebensverhalten und als Konfliktlösung«. Es zeigt sich, daß Rückzugsverhalten vor der Natur eine andere Funktion hat als Rückzug vor der gesellschaftlichen Wirklichkeit. Das Problematische dieses defensiven Verhaltens gegenüber der Aufgabe der Analyse und der Aufklärung sozialer Prozesse im Feld Individuum – Gesellschaft tritt hervor im Abschnitt » Wie die Wissenschaften auf Tatbestände kognitiver Dissonanz reagieren«. Dabei wird deutlich, daß Sozialpsychologie bisher von der Wissenschaft nur in eingeschränkten Horizonten »angenommen« wurde.

Menschliche Wirklichkeit ist nicht absolut, sondern dadurch bestimmt, daß sie erkannt wird. In diesem Erkennen verbinden sich ein materielles Außen und ein gestaltendes Innen. Der Philosoph Kant hat unterschieden zwischen Anschauung und Begriff und erklärt: Anschauung ohne Begriff ist blind, Begriff ohne Anschauung ist leer. Dem Menschen ist die Fähigkeit gegeben, das sinnlich Wahrnehmbare, das chaotisch ist, auf den Begriff zu bringen, auf Identisches und Bleibendes, auf Beziehungszusammenhänge und Entwicklungen hin. Auf diese Fähigkeit ist der Mensch als einzelner und als Menschheit überhaupt für das Überleben angewiesen. Denn er hat sich aus der Eingebundenheit in die Natur gelöst. Er ist nicht »verständigt« mit der Natur, er ist nicht instinktorientiert und triebgeleitet. Die Ungesichertheit und Bedrohtheit durch die Natur gleicht er dadurch aus, daß er die Natur »erkennt«, daß er die Natur auf die ihr innewohnenden Strukturen und Entwicklungen beziehen kann, auf ihre Gesetze. Die sonst chaotische Wahrnehmung, die »blinde Anschauung« wird als Ausdruck des Identischen und Gesetzmäßigen erkannt, auf den »Begriff« gebracht. Dadurch macht der Mensch die Isolierung von der Natur und die durch sie gegebene Wehrlosigkeit nicht nur wett, sondern er kehrt das Verhältnis weitgehend um wie die Helden des Märchens, die das Zauberwort finden. Der Mensch ist nicht mehr einseitig von seiner Umwelt abhängig, nicht mehr in einem festen »Umweltgehäuse«, sondern er kann mit seiner Umwelt umgehen, er kann sie verändern. Diese Veränderung geschieht intentional in der Berücksichtigung menschlicher Voraussetzungen und der Befriedigung menschlicher Bedürfnissse. Tatsächlich verwirklicht er auch Natur, er bringt die Natur auf ihre Nenner, auf ihre Gesetze, er zeigt der Natur, was in ihr steckt, was man alles mit ihr machen kann, wenn man sie richtig in die Hand nimmt. Raumflüge etwa sind hochgetrimmte Natur, und es ist durchaus möglich, das Verhältnis von Mensch und Natur so zu sehen, daß jetzt die Natur ihren Manager und Trainer gefunden hat. Zugleich ist es aber auch so, daß der Mensch nicht nur Natur verwirklicht, sondern auch menschliche Welt, daß der Mensch das Ziel ist, sein Wohlbefinden, seine Selbstverwirklichung, seine Freiheit. In der Lebenswirklichkeit des Menschen sind Anteile der Natur und der von ihm beherrschten Natur gemischt mit Anteilen der Verwirklichung menschlicher freier Zielsetzung. Der Mensch hat es in seiner Umwelt weder allein zu tun mit entfalteter Naturgesetzlichkeit, noch allein mit freier Menschenwelt, sondern mit einer Vermittlung und Vermischung beider. Das heißt aber keineswegs, daß hier der Zustand eines Ausgleichs erreicht ist wie bei einem komplexen System und daß sich mit den dauernden Veränderungen alles immer wieder einpendelt. Was »gut« ist für die Entwicklung der Naturbewältigung, braucht deshalb durchaus nicht gut zu sein für die Entwicklung einer menschlichen Gesellschaft. Von einem dauernden Einpendeln kann keineswegs die Rede sein. Beide Anteile haben die Tendenz, sich gegenseitig zu verdrängen. Wir sehen freilich nicht diesen Prozeß der Verdrängung, sondern eine durchgängige Wirklichkeit.

Auffälligkeit als Signal sozialer Not

In der Wirklichkeit erfahren wir oft, was wir schon vorher wissen. So wie wir im Bereich des Physischen vorher wissen, wann die Sonne auf- und der Mond untergeht, daß ein Stein fällt, wenn ich ihn loslasse, daß Holz schwimmt, wenn ich es ins Wasser werfe, so besteht ein dominierendes erkennendes Verhalten darin, die soziale Wirklichkeit auch so zu betrachten und zu behandeln wie eine »soziale Physik« (Auguste Comte). Die Verwirklichung einer wißbaren, d.h. einer berechenbaren und voraussagbaren menschlichen Welt bedeutet das Durchsetzen von Natur in der Gesellschaft. Das bewirkt aber die Verdrängung und Unterdrükkung menschlicher Bedürfnisse und Möglichkeiten. Es gibt kein abgeschlossenes, kein abzuschließendes Wissen über den Menschen und die Gesellschaft, auch nicht in der Form der Utopie, die wesentlich eine Projektion gegenwärtigen Problembewußtseins in die Zukunft ist. Die menschliche Wirklichkeit bringt immer wieder Faktoren ins Spiel, die man bisher nicht gesehen hat.

So schien schon mit dem »Herbst des Mittelalters« (Huizinga) auch das Ende des Abendlandes gekommen. Zahlreiche Zeichen und Entwicklungen waren zu deuten als Niedergang und Verfall. Mit der Herausbildung der Neuzeit erwiesen sich freilich dieselben Phänomene als Bausteine neuer sinnvoller gesellschaftlicher Entwicklung, die ohne diese Einbrüche in eine bestehende Wirklichkeit nicht erkannt und nicht wirksam geworden wären. Die Brennpunkte sozialer Wirklichkeit stellen sich als etwas Überraschendes, vorher nicht Gewußtes dar. So war die Französische Revolution für viele Menschen ein großer Schock, der noch lange nachwirkte. Die Signale, die zu ihm führten, wurden in einem erstaunlichen Maße übersehen. Da ist das Beispiel des französischen Königs Ludwig XVI., der in seinem Tagebuch immer die ihm am wichtigsten erscheinenden Ereignisse eintrug. Am 14. Juli 1789 notierte er: *rien* (gar nichts). Das war der Tag des Sturmes auf die Bastille.

Menschliche Wirklichkeit erfahren wir oft als Problemsituationen. Auffällig sind dann die einzelnen, die vielen einzelnen Menschen, die in Schwierigkeiten sind gegenüber einer institutionalisierten und verkrusteten gesellschaftlichen Realität. Ihre Auffälligkeit, das sind Signale sozialer Not.

Das Problematische an den Notsignalen aus der Wirklichkeit ist, daß sie höchstens als individuelle Zeichen gesehen werden, kaum als Ausdruck einer allgemeinen Befindlichkeit, kaum als Beweis, daß etwas nicht so weitergehen darf. Was sich an den einzelnen Menschen ausdrückt, als ihr Lebensschicksal, als ihre Not, das ist in einem viel zu geringen Maße Kriterium für die gesellschaftlichen Institutionen. Am Beispiel der Schule heißt das: Die 400000 Jungen und Mädchen, die in jedem Jahr sitzenbleiben, das sind genau so viele Tragödien, das ist ein unübersehbarer Schaden, der bei den Kindern angerichtet wird. Aber die Schule sieht sich nicht davon betroffen, sie sieht diese Einzelfälle nicht als Einwand. Weiter: Bisher haben über 60 Prozent der ausländischen Kinder die deutsche Schule ohne jeden Abschluß verlassen müssen. Damit haben sie überhaupt keine Berufsschancen, und in der Gesellschaft sind sie als Parias stigmatisiert. Für die Schule jedoch hat das keine direkten Konsequenzen. Das sind für sie bedauerliche Einzelfälle, bei denen man alles gar nicht so genau wissen will. Es ist eine gespaltene Wirklichkeit; eine Wirklichkeit, die als objektiv gilt: entwickelte gesellschaftliche Strukturen und Institutionen; und eine Wirklichkeit, die als subjektiv gilt: das, was die einzelnen Menschen erfahren und erleben. So gewinnt die Wirklichkeit ein Doppelgesicht. Die Schule: Das ist einmal das gewaltigste Unternehmen in der Bundesrepublik, mit vielen Tausenden großer Gebäude, einer immer vollkommeneren Ausstattung, mit Hunderttausenden hochqualifizierter Lehrer, mit Millionen Eltern als Hilfslehrer, mit fast 10 Millionen Klienten. Die Schule: Das ist zum anderen eine Zwangseinrichtung, die Angst und Enttäuschung, Resignation und Frustration erzeugt, die junge Menschen in Konkurrenzkämpfe um Noten und Zehntelnoten schickt.

Rückzug als Überlebensverhalten und als Konfliktlösung

Die Menschen haben bisher wenig Veranlassung gehabt, sich eindeutig zu entscheiden zwischen einer Natur, von der sie bedroht sind und der gegenüber sie erst ihre Identität entwickeln müssen, und einer Gesellschaft, die vom Menschen geschaffen und getragen wird. Von der Natur und von der Gesellschaft sieht er sich bedroht. Horkheimer und Adorno deuten in der Dialektik der Aufklärung das Verhalten des Menschen gegenüber der Natur am Beispiel der Vorbeifahrt des Odysseus an den Sirenen im zwölften Gesang der Odyssee Homers. Der Gesang der Sirenen ist die Verführung zur Rückkehr in die Natur, zur Selbstaufgabe, »wo einzig immerwährende Geistesgegenwart der Natur die Existenz abtrotzt« (*Horkheimer/Adorno* 1947, S. 47). Die Menschheit hat für ihre Existenz einen hohen Preis zu bezahlen.

> Furchtbares hat die Menschheit sich antun müssen, bis das Selbst, der identische, zweckgerichtete, männliche Charakter des Menschen geschaffen war, und etwas davon wird noch in jeder Kindheit wiederholt. Die Anstrengung, das Ich zusammenzuhalten, haftet dem Ich auf allen Stufen an, und stets war die Lockung, es zu verlieren, mit der blinden Entschlossenheit zu seiner Erhaltung gepaart. (*Horkheimer/Adorno* 1947, S. 47)

Der Mensch steht in der Gefahr, sein Selbst zu verlieren, wenn er in die Natur zurückkehrt, und sein Glück zu verlieren, wenn er die Zivilisation betreibt, »das Unbehagen in der Kultur« (Freud). Odysseus, so interpretieren Horkheimer und Adorno, weiß darum.

Er kennt nur zwei Möglichkeiten des Entrinnens. Die eine schreibt er den Gefährten vor. Er verstopft ihnen die Ohren mit Wachs, und sie müssen nach Leibeskräften rudern. Wer bestehen will, darf nicht auf die Lockung des Unwiederbringlichen hören, und er vermag es nur, indem er nicht zu hören vermag. Dafür hat die Gesellschaft stets gesorgt. Frisch und konzentriert müssen die Arbeitenden nach vorwärts blicken, und liegenlassen, was zur Seite liegt. Den Trieb, der zur Ablenkung drängt, müssen sie verbissen in zusätzliche Anstrengungen sublimieren. So werden sie praktisch. – Die andere Möglichkeit wählt Odysseus selber, der Grundherr, der die anderen für sich arbeiten läßt. Er hört, aber ohnmächtig an den Mast gebunden, und je größer die Lockung wird, um so stärker läßt er sich fesseln, so wie nachmals die Bürger auch sich selber das Glück um so hartnäckiger verweigerten, je näher es ihnen mit dem Anwachsen der eigenen Macht rückte (*Horkheimer/Adorno, 1947, S. 47 und 48).*

Die Fremdheit des Menschen in der Natur und die Fremdheit des Menschen in der Gesellschaft hat die Menschen immer dazu bewogen, sich möglichst beiden zu entziehen. Modelle für ein unabhängiges geistiges Verhalten sind in der Antike die stoische und die epikureische Philosophie und Lebensweise gewesen. Sie beziehen sich auf den höheren Anteil der Natur an der Welt des Menschen und damit auf die Gefahr, die von hier droht. Das Beispiel des Odysseus zeigt auch hier das Verhalten, das mit verschlossenen Ohren arbeitet. Stoiker und Epikureer verarbeiten die Natur nicht, sie versuchen sich von der Natur frei zu machen, indem sie sie unterlaufen.
Für die Stoiker, die ihren Namen nach der Säulenhalle in Athen haben, in der der Gründer Zenon um 300 vor Chr. seine Schüler versammelte, ist die Natur einer unauflöslichen inneren Gesetzmäßigkeit und Notwendigkeit unterworfen. Der Mensch steht vor der Frage, wie er sich diesem Zwang gegenüber verhält, sich von ihm befreien kann. Das geschieht, indem er diesen Zwang zur inneren Natur macht, zu seiner Vernunft, und ihn als äußeren Zwang damit aufhebt. Ducunt volentem fata, nolentem trahunt – wer mitgeht, den führen die Geschicke freundlich an der Hand, wer sich sperrt, den zerren sie hinter sich her. Wer die Natur in sich verwirklicht hat, den erschreckt sie nicht mehr. Den Stoiker – wir sprechen ja heute noch von stoischer Ruhe – kann nichts erschüttern, er ist dem »Äußerlichen« gegenüber gleichgültig. Weil er an nichts hängt, kann er nichts verlieren, weil er nicht liebt, kann er nicht leiden. »Und wenn das Weltall zusammenstürzt, einen Unerschrockenen werden die Trümmer erschlagen«, heißt es in einem berühmten Gedicht, und der Schriftsteller Plinius zeigte seinen stoischen Gleichmut, als er Zeuge des

Ausbruchs des Vesuvs war, der die Städte Pompeji und Herkulanum unter Lava und Asche legte. Er stand an Deck des Schiffes, das sein Onkel befehligte, und hätte das Jahrhundertereignis beobachten oder um sein Leben zittern können, aber er ging unter Deck und machte seine Schularbeiten. Nil admirari, sich über nichts wundern, ist Distanz von der Natur, zugleich aber auch der Bann für menschliche Freiheit und menschliches Glück.

Die Epikureer, die ihren Namen Epikur verdanken, der auch etwa 300 vor Chr. auf Samos lebte, versuchen, die Natur zu vergessen und von ihr vergessen zu werden. Ihr Prinzip heißt: lathe biosas, lebe im Verborgenen. Die Götter und die Natur kümmern sich nicht um die Menschen, also sollten die Menschen sich auch nicht um sie kümmern. Wenn das menschliche Bewußtsein im Jetzt, im Augenblick aufgeht, dann ist Glück möglich, dann ist die Befangenheit, die Angst vor der Natur zu brechen. Auch die Angst vor dem Tod ist so aufzuheben: Solange man Angst haben könnte, lebt man ja noch und braucht deshalb keine Angst zu haben. Wenn man aber tot ist, kann man keine Angst mehr haben. Das Glücksprinzip der Epikureer verlangt Distanz von Natur und Gesellschaft und gerät in den Verdacht exzentrischer und egoistischer Lustbefriedigung. Eine spätere Zeit hat den Anhänger dieser Lehre verurteilt: porcus ex grege Epicuri, ein Schwein aus der Herde Epikurs. Das ist ein Mißverständnis. Es geht in dieser Lehre vom Glück des Menschen nicht um Sinnengenuß: Epikur hat gesagt, bei Ziegenkäse, Brot und Wasser könne man im Glück mit Gott wetteifern. Das Glück des Menschen ist seine individuelle Existenz.

In der Neuzeit sind die Anteile von Natur und Gesellschaft für die menschliche Umwelt umgekehrt. Deshalb verlieren auch Orientierungen und Theorien der Antike ihre Tragfähigkeit. Stoiker und Epikureer, das sind jetzt Banalitäten und Naivitäten wie: ohne mich! Genuß ohne Reue, Glück im Winkel. Als der bedrohliche Bereich, als der Bereich der Gewalt über den Menschen erscheint jetzt nicht so sehr die Natur, sondern die Gesellschaft.

Die Verhaltensmodelle der Antike stellen in einem wesentlichen Teil Rückzüge des Menschen vor der Natur dar, in denen er sich bewahrt. Solche Formen des Sich-Bewahrens reichen vom Sich-tot-stellen bis zur Askese. Die Fortsetzung des Rückzuges gegenüber einer gesellschaftlichen »Natur« hat andere Folgen. Sie wirken sich negativ für den Menschen aus, der sich seiner sozialen und kulturellen Verantwortung entzieht, der Handlungsmöglichkeiten aufgibt. Auch die Formen des Rückzuges sind jetzt ganz andere: es sind Formen der Verweigerung, des »Schmollens«. Im Wirklichkeitsbereich der Sozialpsychologie fällt eine Zurückhaltung seitens der Wissenschaften auf, die von der Wissenschaft selbst weithin als bewahrendes Verhalten gesehen wird, aber in hohem Maße eine Wirklichkeitsverweigerung bedeutet.

Wie die Wissenschaften auf Tatbestände kognitiver Dissonanz reagieren

Es gibt zwei Möglichkeiten für die Wissenschaften, auf neue Wirklichkeit zu stoßen. Wirklichkeit kann sich einer Wissenschaft im Zuge ihrer eigenen Entwicklung entfalten, sie kann ihr zuwachsen aus der Vertiefung und der größeren Klarheit theoretischer Sicht, aus dem Reichtum und der Substanz empirischer Befunde, die wieder zurückgehen auf die Verbesserung von Forschungsmethoden und -techniken. Wirklichkeit ist dann also das, was dem Dunkel des Nichtwissens entrissen werden kann. Mit der Erweiterung der Erkenntnis wächst die Wirklichkeit. Es ist die Überzeugung der Wissenschaften, daß von ihnen der Drang ausgeht, mehr Wirklichkeit zu gewinnen, mehr Wirklichkeit zu wagen. Die Wirklichkeit, die wir jeweils vorfinden, ist eine eingeschränkte, schlechte, eine träge Wirklichkeit, die sich nicht von selbst auf den Weg macht. Diesen Weg beschreitet die Vernunft, die Erkenntnis. So hat Hegel auch die zunächst erstaunliche Antwort auf die Frage geben können, was denn sei, wenn die Vernunft nicht mehr mit der Wirklichkeit übereinstimme: Um so schlimmer für die Wirklichkeit.

Wissenschaften können auch dadurch auf neue Wirklichkeit stoßen, daß die Wirklichkeit einbricht in ihre Theorie und sie verfremdet. Wenn eine Wissenschaft nicht mehr Wirklichkeit einfängt und »aufhebt«, wenn die Wirklichkeit ihr »Netz« zerreißt, dann ergibt sich für die Wissenschaft die Situation einer kognitiven Dissonanz. Die Wirklichkeit ist anders, sie entzieht sich ihr, es sind Faktoren in ihr wirksam, die sie nicht erkennt und berücksichtigt. Sie kann die Wirklichkeit dann nicht so »übergehen«, wie es Hegel angesprochen hat, sondern sie muß auf sie eingehen. Tendenziell wehrt sich freilich eine Wissenschaft gegen Einbrüche von außen, sie insistiert auf ihren Theorien und Methoden. Sie neigt dann dazu, zu sagen, daß der Teufel im Detail steckt, und meint zugleich, daß Details eben unwichtig sind.

Freilich, was für die Wissenschaften gut scheint, muß es nicht für die Phänomene sein, um die es hier geht. Die Auseinandersetzungen, die Psychologie und Soziologie führen müßten um der Sache willen, die hier Sozialpsychologie genannt wird, bleiben vertagt. Die Vermittlung individueller und gesellschaftlicher Strukturen der Wirklichkeit bleibt offen. Dafür hat jede Wissenschaft ihre eigene Sozialpsychologie – an der Leine.

Das Unbehagen am gegenwärtigen Stand der Sozialpsychologie macht sich nicht selten in kurzschlüssiger und naiver Weise Luft, die im Grunde vor der Aufgabe resigniert. Die Absage an die Wissenschaften ist noch keine »kritische Sozialpsychologie«. Als Beispiel für die Akzentuierung dieser Sicht wird hier die »Nachbemerkung« einer »Kritischen Einführung in die Sozialpsychologie« genannt, die 1976 erschien.

Die Sozialpsychologen sollten sich vielleicht auf die Grundbedeutung des Wortes »Forschung« besinnen. Es hat dieselbe Wurzel wie »porcus«, lateinisch »Schwein«. Gemeint und gemeinsame Bedeutung ist, daß hier »gewühlt« wird. Es wäre angebracht, wenn die Forscher nicht nur in ihren Papieren wühlen würden, sondern endlich und vor allem in der Praxis. Unter Berücksichtigung der vorne erwähnten Grundforderungen an eine emanzipatorische Sozialpsychologie wäre so die Möglichkeit gegeben, in einem längeren Prozeß der wechselseitigen Beeinflussung von Theorie und gesellschaftlicher Praxis eine andere Sozialpsychologie zu entwickeln und damit einen Beitrag zur Veränderung unserer Gesellschaft zu leisten. Beitrag ist hier wörtlich zu verstehen. ... Forschungsergebnisse der Handlungsforschung und einer emanzipatorischen Sozialpsychologie können diese Veränderungen nicht hervorbringen (*Bintig* u. a. 1976, S. 148).

Damit ist Sozialpsychologie insgesamt verneint zugunsten von »Handeln«.
Wie es eine Ablehnung der Sozialpsychologie aus einem Verständnis gibt, das in ihr nur die Verschleierung von Herrschaft und die Verhinderung von Praxis sieht, so gibt es auch eine Ablehnung von Sozialpsychologie durch wissenschaftliche Richtungen, die ein bestimmtes Wissenschaftsverständnis aufrecht erhalten wollen. Als Beispiel dafür wird der aktuelle Versuch genannt, der Biologie ein neues Teilgebiet anzugliedern, eine sogenannte Soziobiologie, die vom amerikanischen Zoologen Edward O. Wilson vertreten wird, zuerst in seinem Buch »Soziobiology – The new synthesis« (Cambridge, Mass., 1975). Wilson sieht die Aufgabe, »die Darwinistische Revolution des Menschenbildes zu vollenden«. Das soll durch den Nachweis geschehen, daß soziales und kulturelles Verhalten sich in die Gene einprägt und durch Auslese verstärkt. Das würde z. B. heißen, daß von den Geschlechtsrollen mit den »typischen« Eigenschaften der Frau, die im dritten Kapitel dieses Bandes als Ergebnis frühkindlicher Sozialisation dargestellt werden, behauptet wird, sie seien längst in die Gene der Frau eingegangen und würden die Frauen auch ohne äußere soziale und kulturelle Einflüsse zwingen, sich so »weiblich« zu verhalten, wie es dem ihnen angesonnenen Leitbild entspricht. Der Preis dafür, daß man nicht mehr die Sozialpsychologie braucht, um dieses und andere Phänomene zu erklären, ist ungeheuer. Er besteht im Verzicht auf menschliche Individualität. Es geht dann nicht mehr um Menschen, es

geht um Gene. Das Überleben der Gene, das Veranlagungs-Potential der Gattung Mensch, ist das Entscheidende. Richard Dawkins sagt über die Gene, daß ihre Weitergabe die entscheidende Rechtfertigung für unsere Existenz sei. Nicht sie dienen uns, wir dienen ihnen. Wir sind ihre »Überlebensmaschine«.

In Wissenschaften wie der Psychologie und der Soziologie sind solche Rückzüge auf »eigentliche« Forschungsgebiete nicht möglich. Die Aufnahme der Sozialpsychologie als Teilgebiet ist freilich zugleich ein Verhalten der Zuwendung wie der Abwehr.

Kapitel 2: Das Janusgesicht der Sozialpsychologie: Die psychologische und die soziologische Sozialpsychologie

Orientierung

Das Wirklichkeitsfeld der Sozialpsychologie ist nur zu einem geringen Teil erkenntnistheoretisch erschlossen. Die Praxis ist in einem hohen Maße durch Alltagstheorien bestimmt. Zugleich liefert die Praxis Erfahrungen und Ansätze, die wissenschaftlich vertieft werden müssen. Der Abschnitt »Sozialpsychologie, die aus der Praxis kommt«, zeigt die Herausforderung zu einer Integration.
Tatsächlich hat Sozialpsychologie heute ein Doppelgesicht. Im Abschnitt »Psychologie und Sozialpsychologie« wird deutlich, daß Sozialpsychologie als komplementärer Teilbereich gilt, der zwar zunehmend offen ist für »Beiträge« aus anderen Disziplinen, aber eine Integration mit der Sozialpsychologie der Soziologie nicht zuläßt.
Eine Integration der Sozialpsychologien erscheint von der Soziologie her möglich, nicht aber von einer als Mikrosoziologie verstandenen Sozialpsychologie her, sondern von einem Erkenntnisinteresse, das sich auf eine Theorie des Subjekts richtet. Die Motivation der Soziologie für eine Integration von Psychologie und Psychoanalyse im Feld der Sozialpsychologie wird am Beispiel der »kritischen Theorie« im Abschnitt »Soziologie und Sozialpsychologie« dargestellt.

Genau genommen müßte man von drei verschiedenen »Arten« von Sozialpsychologie ausgehen: von einer psychologisch und von einer soziologisch orientierten Sozialpsychologie, zu denen noch eine Sozialpsychologie hinzu kommt, die überhaupt keinen klaren theoretischen Ansatz hat, sondern von Erfahrungen und dem sogenannten gesunden Menschenverstand ausgeht. Es ist eine Sozialpsychologie für die Praxis, die den Bedürfnissen entsprechen will, für die wissenschaftlichere Formen von Sozialpsychologie kein oder noch kein Ohr haben. Dies wäre freilich eine Sozialpsychologie mit der Gefahr von Verkürzungen und Einseitigkeit, von Alltagstheorien und Vorurteilen.

Sozialpsychologie, »die aus der Praxis kommt«

Tatsächlich gibt es ein großes Bedürfnis nach sozialpsychologischer Hilfe und Orientierung. Es ist ein Feld für Sozialarbeit in weitestem Sinne, das sich hier ausbreitet. Aber auch in den Medien, etwa in fast allen Zeitschriften, haben die »Frageecken« inzwischen immer umfangreichere Anteile gewonnen. Neben einer primitiven und ärgerlichen Vermarktung dieses Interesses, die Steine statt Brot gibt, ist durchaus auch das Bemühen erkennbar, hilfreiche und sinnvolle Antworten zu geben. Da ist die »Frau Irene« in einer Wochenzeitschrift mit einer der höchsten Auflagen. Eine der Fragen und Antworten soll hier als Beispiel zitiert werden für die Schwierigkeit einer sozialpsychologischen Analyse:

Ich wäre gern auch mit achtzehn mündig! Seit sechs Jahren lebe ich als Tochter einer Gastarbeiter-Familie mit den Eltern in der Bundesrepublik Deutschland. Mir gefällt es sehr gut hier, und ich möchte nicht wieder in mein Land zurück. Das einzige was mir nicht gefällt, ist, daß meine Eltern so streng sind. Ich habe keine der Freiheiten, die meine Schulkameradinnen als ganz selbstverständlich ansehen. Ich darf nie allein ausgehen, ich darf keinen Freund haben. Die deutschen Jugendlichen werden nach dem neuen Gesetz mit achtzehn Jahren mündig und voll geschäftsfähig. Gilt das eigentlich auch für uns ausländische Jugendliche? Ich wäre gerne auch mit achtzehn mündig und möchte auch einmal freier leben (Hör zu Nr. 44/1976, S. 151).

Hier geht es nicht um eine rechtliche Frage, was auch in der Antwort erkannt ist, sondern um Konflikte der interkulturellen Sozialisation, die Hunderttausende von ausländischen Jugendlichen treffen und sie in ihrer Entwicklung belasten und schädigen. Die ausländischen Kinder und Jugendlichen sind in Deutschland mit Erziehungsnormen und -praktiken konfrontiert, die ihre Eltern aus ihrer eigenen kulturellen und sozialen Entwicklung und Orientierung mitbringen, und die im Widerspruch stehen zu der Wirklichkeit, zu den sozialen und kulturellen Einflüssen, die ihre Kinder hier erfahren. Insbesondere Mädchen stehen unter rigiden geschlechtsspezifischen Erwartungen und Zwängen bei den Eltern. Unter Gleichartigen, in der Schule, in der Öffentlichkeit, in der Arbeit erfahren sie andere, personorientierte und individuelle Möglichkeiten des Verhaltens und Selbstverständnisses. Hier geht es um eine Kontinuität im Spannungsfeld interkultureller Sozialisation, zum Wohle der Kinder und Jugendlichen und nicht darum, durch Appell eine Harmonisierung zu schaffen auf Kosten des schwächsten Partners. Das aber intendiert die Antwort von Frau Irene:

Sie unterstehen als Ausländer den Gesetzen Ihres Landes und ich habe nach Ihrem Brief auch nicht den Eindruck, daß es Ihnen darauf ankommt zu wissen, unter welchen rechtlichen Voraussetzungen Sie ab achtzehn vollgültige Rechtsgeschäfte in der Bundesrepublik Deutschland abschließen können. Es geht Ihnen um mehr Freiheit, darum, nicht mehr so leben zu müssen, wie Vater und Mutter das für richtig halten. Und hier möchte ich Sie warnen. Es hängt nicht von Ihnen ab, wann Sie in Ihre Heimat zurückkehren. Eines Tages nach der Rückkehr werden die Sitten und Gebräuche, an denen Ihre Eltern festhalten, für Sie wieder wichtig sein, wenn Sie in Ihrer Heimat nicht zum Außenseiter werden wollen. Mehr »Freiheit«, das bedeutet nicht nur mehr Rechte, es bedeutet auch mehr Pflichten, mehr Selbstverantwortung – und weniger Geborgenheit. Bitte, vergessen Sie das nicht. Vielleicht fällt es Ihnen dann leichter, die rechte Einstellung zu westlicher Freiheit und der Tradition Ihres Landes zu finden (a. a. O.).

Die Antwort ist belehrend und abwehrend. Sie geht nicht auf den sozialpsychologischen Kern des Problems ein, sondern bleibt in einem psychologisierenden Vorfeld. Sie ist auch deshalb bedenklich und nachteilig für das Mädchen, weil es auf Dauer in der Bundesrepublik bleiben will und wohl auch bleiben wird. Hier wird ihr ein Verhalten angesonnen, mit dem sie in der Zukunft – in Deutschland – benachteiligt ist und nicht zurechtkommen wird.
Über die »unwissenschaftliche« Sozialpsychologie selbst soll aber nicht der Stab gebrochen werden, nur über ihre Surrogate, über ihren schlechten Ersatz. Das »Amateurhafte« hat auf die Dauer oft genug Nutzen gestiftet und den Wissenschaften »die Augen geöffnet«. Für die Wissenschaftler seiner Zeit war auch Sigmund Freud ein Dilettant und ein Abenteurer. Und das Entscheidende in der Psychoanalyse ist in dieser Phase geschehen, nicht in den Schritten, die die Psychoanalyse später wissenschaftlich »hoffähig« machten.
Aber es gibt auch eine Praxis, die sich überhaupt nicht um Analyse und Erkenntnis bemüht, die sich nicht für Theorie »eignet«, sondern die gleich in die Praxis geht, z. B. in die Therapie: in die Urschrei-Therapie, in Touch-and-feel-Exerzitien, in »Seid-nett-zueinander-« oder »Seid-wüst-zueinander-Meetings«. Wenn eine solche Therapie mit der Theorie nichts im Sinne hat, dann muß sie sich nach dem praktischen Erfolg fragen lassen. Der ist jedoch recht unterschiedlich. So berichtet Angelika Grunenberg vom Ende und von den Auswirkungen eines gruppendynamischen Trainings:

... Nachdem wir uns unter Johannas Aufsicht alle noch einmal formell bezichtigt haben, dürfen wir abends um 9 Uhr zum letzten Kiss-Kiss schreiten. Wir bilden einen Kreis, die Arme um die Schultern unserer Nachbarn gelegt, und summen wie die Bienen. Dann drückt Johanna einen nach dem anderen an ihre markante Brust. Wir sind entlassen. Ein paar Tage lang bin ich sehr deprimiert. Ich kann weder essen noch schlafen. Ich habe mir die Adressen von einigen Gruppenteilnehmern geben lassen und setze mich mit ihnen in Verbindung. Drei von ihnen sind krank (Angelika Grunenberg: Und Eva sollte ihre Bluse öffnen, in: Die Zeit vom 9. 2. 1973, S. 56).

Bei der in diesem Abschnitt genannten Praxis treten zwei Gefahren auf. Einmal kann sie bei Schwierigkeiten wissenschaftlich-theoretischer Vertiefung im Feld von Alltagstheorien bleiben, zum anderen kann Praxis manipulativ jeweils zur Mode gemacht oder aber diffamiert werden. Hier haben die Medien eine sehr große Bedeutung. Nicht selten ist es so, daß ein Problem aufgrund eines »interessanten« Praxisansatzes »groß herausgebracht« und später als »uninteressant« fallen gelassen wird, obwohl das Problem praktisch nicht an Bedeutung verloren hat. Neben dem Hinweis auf die Einseitigkeit der Medien ist zum Zitat aus dem Artikel von Frau Grunenberg auch zu vermerken, daß damit natürlich keine vollständige und abschließende Aussage über Gruppentherapie gemacht ist, weder über das Spektrum ihrer Methoden noch ihrer Ergebnisse.

Psychologie und Sozialpsychologie

Bisher ist die Sozialpsychologie wohl am häufigsten der Psychologie zugeordnet worden. Es schien längere Zeit so, als ob sie mit der Psychologie am nächsten »verwandt« sei und von ihr auch die meiste Hilfe empfangen könne. So heißt es in einem der frühesten und bekanntesten Bücher über Sozialpsychologie, in der »Einführung in die Sozialpsychologie« von Peter R. Hofstätter:

> Die Sozialpsychologie ist das jüngste Teilgebiet der Psychologie; es ist in reger Entwicklung begriffen, und die theoretischen Ansätze zu einer Strukturierung sind im Flusse. Im gegenwärtigen Augenblick ist das emsige Materialsammeln ein wenig in den Hintergrund getreten, und das Bemühen der Forschung gilt einerseits der Gewinnung und Standardisierung messender Methoden und zum anderen dem Streben nach einer systematischen Orientierung. Es handelt sich dabei sehr oft um den Versuch, in anderen Gebieten der Psychologie entwickelte Ansätze auf das Gebiet der Sozialpsychologie zu übertragen. (*Hofstätter* 1963, S. 15).

Die starke und eindeutige Abhängigkeit von der Psychologie und die Hoffnung auf eine rasche themen- und methodenmäßige Stabilisierung dieses Teilbereiches der Psychologie erweist sich zunehmend als problematisch. So fällt auch in einer späteren Auflage des Buches von Hofstätter die Definition differenzierter aus.

> Die Bezeichnung der Sozialpsychologie als eines Teilgebietes der Psychologie impliziert zugleich die Behauptung, daß wir es hier zwar mit einer eigenen Perspektive im Rahmen der Psychologie zu tun haben, daß aber die konkrete Arbeit in diesem Teilgebiet auf Methoden und Befunde angewiesen ist, die vielfach

aus anderen Teilgebieten des Faches stammen. In diesem Sinne könnte man z. B. von einer experimentellen Sozialpsychologie sprechen, deren Interesse der planmäßigen Variation der mitmenschlichen Umwelt des Individuums gälte. Ein Gutteil des in den letzten Jahren so eifrig gepflogenen Studiums der »Gruppendynamik« fällt unter diese Kategorie. Zweifelsohne gibt es auch einen charakterologischen bzw. einen entwicklungspsychologischen Akzent in der Sozialpsychologie; wir werden seiner beim Studium des sogenannten »Sozialisierungsprozesses« ansichtig werden. An dieser Stelle sei jedoch die unabdingliche Einheit der Psychologie betont. Ich halte diese Forderung der Tendenz zur Isolierung der Teilgebiete, wie man sie z. B. in den USA sehr deutlich erkennt, entgegen (*Hofstätter* 1973, S. 7).

Hier wird stärker eine affirmative Haltung deutlich. Tatsächlich ist das Verhältnis der Psychologie zur Sozialpsychologie ambivalent. Einerseits beansprucht die Psychologie die Sozialpsychologie als Teilgebiet, und sie ist auf sie als Gegenstandserweiterung angewiesen. Andererseits schafft die Sozialpsychologie Schwierigkeiten und »Unruhe« innerhalb der Psychologie. Von manchen Vertretern »klassischer« und »konventioneller« Richtungen der Psychologie wird sie wie eine Art trojanisches Pferd betrachtet. Sie wird deshalb als peripherer »Gefahrenherd« mehr als ein Randgebiet oder Übergangsgebiet betrachtet denn als Teilgebiet im inneren Bereich.
Den Schwierigkeiten einer Integration in das innere System entspricht eine stärkere Zuwendung zur Frage der Beziehung der »psychologischen Sozialpsychologie« zu anderen Wissenschaftsdisziplinen.

Mit ihren Teilgebieten grenzt die Psychologie an eine Reihe von Nachbardisziplinen, mit denen sie in eben diesen Teilgebieten in einem Austauschverhältnis steht. Das gilt z. B. von dem Verhältnis zur Soziologie in der experimentellen Psychologie; es gilt nicht weniger von der wechselseitigen Befruchtung von Sozialpsychologie und Soziologie einerseits und der Ethnologie (»kultureller Anthropologie«) andererseits. Im Prinzip läßt sich die Grenze zwischen diesen Disziplinen leicht ziehen: beschäftigt sich die Sozialpsychologie mit den Stellungnahmen des Individuums, so steht im Zentrum des soziologischen Interesses ein »Verband« bzw. eine Gruppe, während das Gefüge einer »Kultur« der Ethnologie ihren Integrationskern gibt. In der Praxis sind diese Grenzen aber keineswegs scharf. Die überspitzte Betonung der Unterschiedsmerkmale schien auch im Sinne des uneingeschränkten Gedankenaustausches zwischen diesen Disziplinen nicht sonderlich wünschenswert. Tatsächlich ist die Sozialpsychologie als das wohl jüngste der psychologischen Teilgebiete ganz besonders reich an mehr oder weniger scharf definierten Nachbarschaftsbeziehungen (*Hofstätter* 1973 S. 7f.).

Die hier angesprochene Offenheit zu den Nachbardisziplinen hin ist freilich bisher nur eine eingeschränkte Offenheit. Die »Sozialpsychologien« der anderen Disziplinen werden auch als Teilgebiete von der Art

des psychologischen Teilgebietes verstanden, also jeweils als komplementär zu ihrer Wissenschaft gesehen. Der Austausch unter diesen Teilgebieten ist somit ein Austausch zwischen den Wissenschaften, nicht ein Austausch, der die verschiedenen Ansätze zu einer eigenen Wissenschaft Sozialpsychologie integrieren könnte. Das ist der Stand der inneren Entwicklung der verschiedenen Sozialpsychologien. Die Phase der komplementären Funktion scheint aber für die Sozialpsychologie überschritten. Vor ihr liegt die Phase der Integration, die zu einer eigenen Wissenschaft geht, in der der Schwerpunkt nicht auf Themen und Methoden liegt, sondern auf Strukturen, die bisher noch von keiner Seite sichtbar geworden sind. Diese Entwicklung ist noch weithin offen, und es kann noch nicht gesagt werden, ob sie gelingt. Jedenfalls wirkt sich, was bisher als Einbettung und Hilfe von den einzelnen Wissenschaften her verstanden werden konnte, nun stärker als Belastung und Bann aus.
Anstöße zur Entwicklung einer Sozialpsychologie, die nicht mehr zu einer bestimmten Wissenschaft »gehört«, gehen heute mehr von der Soziologie aus als von der Psychologie. Der entscheidende Vermittlungsbereich ist der zwischen Psychologie und Soziologie.

Soziologie und Sozialpsychologie

Das Verhältnis der Soziologie zur Sozialpsychologie ist vielfältig. Einerseits gibt es durchaus eine analoge Beziehung zu der in bezug auf die Psychologie genannten. Wenn Soziologie anzusprechen ist als die Wissenschaft von den sozialen Gebilden, und wenn sie ihre Aufgabe darin sieht, zu untersuchen, wie sich Strukturen und Funktionen sozialer Gebilde verändern und welche Beziehungen und Einflüsse zwischen ihnen bestehen, dann ist verständlich, daß es ihr darum gehen muß, soziale Gebilde und soziale Prozesse auf die höchste Erkenntnisebene zu heben. In der Tat leidet die Soziologie bis heute unter der Tatsache, daß es ihr wegen ihres Mangels an Kategorien noch nicht gelungen ist, von Theorien unterer Reichweite über Theorien mittlerer Reichweite zu Theorien höchster Reichweite zu kommen. Das zeigt sich auch in dem Auseinandergehen so vieler »Bindestrich-Soziologien« mit zum Teil unterschiedlichen Terminologien und Theorieansätzen. In diesem Zusammenhang und unter diesem Verständnis ist Sozialpsychologie ein Teilgebiet der Soziologie, das als Mikro-Soziologie auch eine Bindestrich-Soziologie darstellt. Dabei hat die Sozialpsychologie vor allem eine komplementäre Funktion. Vereinfachend ausgedrückt, hat sie die Aufgabe, eben als Mikro-Soziologie der Makro-Soziologie in anderen Teilgebieten oder in der »allgemeinen Soziologie« den Rücken freizuhalten.

In die Sozialpsychologie innerhalb der Soziologie sind aber auch noch andere, strukturelle Probleme der Soziologie eingegangen. In der Sozialpsychologie setzt sich eine soziologische Zielsetzung fort, die in der Soziologie bisher nicht zu leisten war: Dieses Bemühen, in dem die Soziologie stark an die Sozialphilosophie gebunden ist, wird hier zentral am Beispiel der »kritischen Theorie« angesprochen.
Den konkreten historischen Anstoß, einen neuen Weg des Denkens und Erkennens in der menschlichen Wirklichkeit zu suchen, gab das Heraufkommen des Nationalsozialismus nach dem Ersten Weltkrieg. Für die wenigen Einsichtigen war zu erkennen, daß damit eine Entwicklung in Gang gesetzt war, die in ein unvorstellbares menschliches Elend führen mußte. Und die Erkennenden sahen sich in der Situation der Kassandra, der griechischen Seherin, die die Zukunft vorhersah, ohne sie ändern zu können. Aber gerade diese Katastrophe, die da heraufzog, war kein Naturereignis, das man über sich ergehen lassen mußte, war durch kein Naturgesetz vorgeschrieben. Hier geschah etwas ganz Anderes. Hier war es nicht die Natur, hier waren es Menschen, die das Elend der Menschen betrieben. Hier waren es Einrichtungen, die vom Menschen geschaffen wurden, die sich gegen die Menschen kehrten.
Aus dieser bedrohlichen Entwicklung heraus ergab sich eine Verfremdung der bisherigen Theoriebildung gegenüber dem menschlichen »Außen«. Theorie hat bisher einem Außen als Natur gegolten. Diese bisher erfolgreiche Theorie scheitert bei der Übertragung auf ein Außen als menschliche Gesellschaft, obwohl sie auch hier zuerst Erfolg zu haben schien. Horkheimer spricht diese Problematik an in der Unterscheidung von »traditioneller« und »kritischer Theorie«. Die Unterscheidung meint nicht, daß die sogenannte traditionelle Theorie unkritisch sei. Die traditionelle Theorie hat die Naturwissenschaften hervorgebracht und trägt sie. Die Kriterien, die Prinzipien, die Methoden, die aus ihr entwickelt wurden, sind so erfolgreich, daß, wie Horkheimer sagt, die Wissenschaften von Mensch und Gesellschaft bestrebt sind, dem Vorbild der erfolgreichen Naturwissenschaften nachzufolgen. Hier setzt die Kritik an. Es ist zwar durchaus so, daß die Naturwissenschaften die Selbstbefreiung des Menschen von der Natur ermöglicht haben und daß sie in der Lage sind, Mißstände zu überwinden. Aber sie wenden sich in dem Maße gegen den Menschen, in dem er als Gattung gesehen wird und nicht als Individuum.

Horkheimer ... interpretiert die kausal erklärenden Wissenschaften als ihrer logischen Struktur nach technisch verwertbare Wissenschaften und erkennt deren emanzipative Bedeutung durchaus an: ihre Entwicklung hängt unmittelbar zusammen mit der ungeheuren Entwicklung der Produktivkräfte in der kapitalistischen Gesellschaft, die den Menschen mit einer kumulativ wachsenden Macht über die Natur und mit der Zerstörung aller eingewurzelten Lebensverhältnisse zugleich die objektiven Voraussetzungen ihrer gesellschaftlichen Emanzipation an die Hand gibt (*Wellmer* 1969, S. 11).

Die Grenze und zugleich die Bedrohung dieser Emanzipation liegt darin, daß der Mensch dabei Naturobjekt bleibt. Die Menschen bleiben Gattung der Natur. Die Menschen sind »Arbeitskräfte« und »Verbraucher«, sie werden nach ihrem »Wert« behandelt, nach »brauchbar« oder »nicht brauchbar«, als gutes oder schlechtes »Menschenmaterial«. Vom Menschenmaterial ist tatsächlich die Rede; man »setzt es ein« im Krieg, in der Produktion, im Sport. Auch von wertlosen Menschenleben ist die Rede, von minderwertigem, schwachem, untüchtigem, von lebensunfähigem und lebensunwertem Leben. Und nicht nur die Rede. Es ist Praxis, Menschen zu verdrängen, auszusortieren, sie ins Abseits zu stellen, sie fallenzulassen, sie als Ausschuß und Abschaum, als Schädlinge und Parasiten zu verfolgen.
Alles das wird im Nationalsozialismus als ein natürlicher Prozeß der Auslese gesehen, als Ausmerzung des Lebensuntüchtigen, als »Kampf ums Dasein«, als notwendige Bedingung für die Erhaltung des »Lebens«. Bis zu welcher Perversität und Unmenschlichkeit sich das verbissene Insistieren auf »Natur« versteigen kann, dafür ein Beispiel aus der Gewaltherrschaft des Nationalsozialismus. Der Kommandant des Konzentrationslagers Auschwitz, Höß, beschreibt in seinen Erinnerungen, die er während seines Prozesses schrieb, wie er eine Vergasungsaktion besichtigte. Er sah dabei, wie eine große Gruppe von Frauen und Männern, von Jungen und Mädchen nackt in einer Wiese unter blühenden Bäumen darauf wartete, als nächster Schub in die Gasräume getrieben zu werden. Als er das blühende menschliche Leben in der blühenden Natur gesehen habe, seien ihm Gedanken gekommen über das Werden und Vergehen, den ewigen Kreislauf der Natur. Man muß die Ungeheuerlichkeit sehen, den Kreislauf der Natur, das »stirb und werde«, von dem Goethe spricht, gleichzusetzen mit dem Völkermord, der da vollzogen wird. Für Höß bezieht sich »Humanität« nur auf die Art des Mordens, Fortschritt nur auf die Verbesserung der Kapazität der »Anlagen«.
Der Anspruch, unter den kritische Theorie sich stellt, ist der, den Menschen nicht als ein Naturwesen in den Mittelpunkt zu stellen, sondern in seinen Hoffnungen, in dem, was als Freiheit noch aussteht. Kritische Theorie wird von Horkheimer gesehen als das Verhalten, das nicht Natur reproduziert in der Gesellschaft, sondern Menschlichkeit verwirklicht.

Es gibt nun ein menschliches Verhalten, das die Gesellschaft selbst zu seinem Gegenstand hat. Es ist nicht nur darauf gerichtet, irgendwelche Mißstände

abzustellen, diese erscheinen ihm vielmehr als notwendig mit der ganzen Einrichtung des Gesellschaftsbaus verknüpft. Wenngleich es aus der gesellschaftlichen Struktur hervorgeht, so ist es doch weder seiner bewußten Absicht noch seiner objektiven Bedeutung nach darauf bezogen, daß irgend etwas in dieser Struktur besser funktioniere. Die Kategorien des Besseren, Nützlichen, Zweckmäßigen, Produktiven, Wertvollen, wie sie in dieser Ordnung gelten, sind ihm vielmehr selbst verdächtig und keineswegs außerwissenschaftliche Voraussetzungen, mit denen es nichts zu schaffen hat.
Während es zum Individuum in der Regel hinzugehört, daß es die Grundbestimmungen seiner Existenz als vorgegeben hinnimmt und zu erfüllen strebt, während es seine Befriedigung und seine Ehre darin findet, die mit seinem Platz in der Gesellschaft verknüpften Aufgaben nach Kräften zu lösen und bei aller energischen Kritik, die etwa im einzelnen angebracht sein sollte, tüchtig das Seine zu tun, ermangelt jenes kritische Verhalten durchaus des Vertrauens in die Richtschnur, die das gesellschaftliche Leben, wie es sich nun einmal vollzieht, jedem an die Hand gibt. Die Trennung von Individuum und Gesellschaft, kraft deren der Einzelne die vorgezeichneten Schranken seiner Aktivität als natürlich hinnimmt, ist in der kritischen Theorie relativiert (*Horkheimer* 1970, S. 27f.).

Das Ziel der kritischen Theorie ist nicht, die Gesellschaft zu »verbessern«, sie effektiver zu machen, »Pannen« und Widersprüche zu überwinden, sie zu »festigen«, sondern dafür zu wirken, daß der Mensch sich besser befindet. Ziel der kritischen Theorie ist, die Entwicklung der Gesellschaft nicht als etwas Naturgesetzliches und Vorgegebenes zu sehen, sondern der Aufgabe zu dienen, menschliches Glück zu verwirklichen. Sie will aufklären über Gesellschaft und sie mit einem neuen Bewußtsein verändern. Das bedeutet für das Denken, für die Theorie eine Wende zum Subjekt, die freilich nicht gelingt. Die kritische Theorie glaubte, in der Arbeiterklasse könne sich in gesellschaftlicher Vermittlung das wahre Bewußtsein bilden, das in der Lage wäre, die Menschen zu retten vor der Gefahr des Faschismus. Es hat sich gezeigt, daß im Klassenbewußtsein nicht »das Rettende« gewachsen ist, und es hat sich weiter gezeigt, daß im »wahren Bewußtsein« einer Klasse das Bewußtsein des Subjektes nicht im positiven Sinne aufgehoben ist. Das verlangt eine noch entschiedenere Zuwendung der Theorie zum Subjekt, die Thematisierung seiner Objektivierung.
Diese Zuwendung unterscheidet sich qualitativ von der Anerkennung der Sozialpsychologie als Teilgebiet. Entscheidend ist das Bemühen um Einbeziehung der Psychologie und Psychoanalyse, und zwar nicht additiv, sondern in einer integrativen Weise, die Auswirkungen auf die Strukturen von Soziologie und Psychologie hat und jedenfalls der Sozialpsychologie eine eigene Reflexionsform ermöglicht.
Psychologie und Soziologie sind wissenschaftliche Reflexionsformen

über das Verhältnis Subjekt – Gesellschaft. Was in diesem Bereich die Sozialpsychologie weiterzuführen hat, ist das Bemühen um eine objektive Theorie des Subjekts. Im Blick auf die Gesellschaft ist das eine Frage, die Adorno so akzentuiert hat: Gibt es ein *principium individuationis,* durch das Zivilisation sich durchgesetzt hat? Das ist einmal die Frage danach, wie weit Gesellschaft nicht nur Reproduktion von Natur ist, zum andern die Frage, worin die Autonomie, worin der »Widerstandskern« des Individuums gegenüber gesellschaftlicher Faktizität, d. h. gesellschaftlicher Macht, besteht.

Teil II
Themen und Probleme der Sozialpsychologie

Kapitel 3: Soziale, kulturelle und personale Identität

Orientierung

Themen und Probleme werden als Antwort auf die Frage gesehen: Was ist Sozialpsychologie? Als profilierend und konstituierend sind die drei Themen dieses Teils ausgewählt. Insbesondere ist die Theorie des Subjekts eine zentrale Aufgabe der Sozialpsychologie. Angesprochen wird hier der Ansatz einer Erklärung von Identität als Balance von »innerer und äußerer Natur« nach Krappmann.
Das Hervortreten eines praktischen Interesses an der Erklärung von Störungen und Fehlverläufen der Identitätsbildung wird an Alltagstheorien über »Lebenskrisen« deutlich.
Der Akzent des Kapitels liegt auf der Frage nach der Identität der Frau, die bisher affirmativ von einem »Leitbild« bestimmt war. Das Bemühen und der Erfolg der jüngeren Frauenbewegung, den Bann alter Leitbilder zu durchbrechen, wird am Beispiel neuerer Untersuchungen deutlich gemacht, die eine vorgebliche Natur des Weiblichen als Ergebnisse rigider geschlechtsspezifischer Sozialisation belegen. Was als Natur behauptet wird, ist danach der Versuch der Rechtfertigung von Benachteiligung.

Auf die Frage: Was ist Sozialpsychologie? kann man zwei ausführliche Antworten erwarten: Eine Aufzählung und Darstellung der Themen, mit denen sich Sozialpsychologie befaßt, oder eine Entfaltung und wissenschaftliche Begründung der Methoden, mit denen Sozialpsychologie arbeitet und Ergebnisse zeitigt. Der Kanon der Themen und Methoden ist freilich unterschiedlich akzentuiert, je nachdem Sozialpsychologie komplementär zur Psychologie oder zur Soziologie gesehen wird. Gleichwohl ergeben sich Profile, nach denen man definieren kann: Die Sozialpsychologie ist eine Wissenschaft, die sich mit folgenden Themen und Sachgebieten befaßt /Die Sozialpsychologie ist eine Wissenschaft, die mit folgenden Methoden arbeitet; daran hat sich jeweils eine umfassende Aufzählung anzuschließen. Solche Aufzählungen sind freilich auch unbefriedigend. Das Ausweichende solcher Antworten hat schon Sokrates in den platonischen Dialogen gezeigt: Wenn man z. B. auf die Frage:

Was ist Kunst? die Antwort erhält: Kunst ist die Kunst des Töpfers, des Tischlers, des Bildhauers, des Malers usw., schiebt das die Frage nach Kunst doch nur auf, und sie formuliert sich neu: Was macht das Tun des Töpfers, des Tischlers usw. zur Kunst? So ist auch die Frage nach der Sozialpsychologie mit der Nennung ihrer Themen nicht beantwortet. Man wird die Themen und Probleme der Sozialpsychologie hinterfragen müssen, warum und wie sich in ihnen Sozialpsychologie ausdrückt und entfaltet. Als die drei zentralen Themen, die Voraussetzungen bieten, um Sozialpsychologie deutlicher zu entwickeln, sind in diesem Teil dargestellt und konkret akzentuiert: Identität, Gruppe und Sprache. Als durchgängige theoretische Leitvariable, aus der heraus eine Theorie der Sozialpsychologie zu entwickeln wäre, treten Phänomene von Einstellungen und Vorurteilen auf, die in diesem Buch durchgängig weiterverfolgt werden. Freilich ist die Einstellungs- und Vorurteilsforschung keineswegs auf dem Stand, daß sie diese Theorie leisten könnte. Infolgedessen kann dieses Buch nur Voraussetzungen und Aufgaben einer eigenen Theorie darstellen.

Im Zentrum der Sozialpsychologie steht das Subjekt und das Bemühen, subjektive Identität objektiv zu sichern als eine Theorie des Subjekts. Das macht große Schwierigkeiten, was an den unterschiedlichen Ansätzen zu erkennen ist. Offensichtlich sind in der Identität des Menschen zwei Aspekte zu vermitteln; der Aspekt, der sich herleiten läßt von der »Ausstattung« des Menschen, von seiner »inneren Natur«, und der Aspekt, der sich herleiten läßt von seiner sozialen Umwelt, von der »äußeren Natur«. In einem anderen Zusammenhang wird hier von einer personalen und einer sozialen Identität gesprochen. Die Problematik von »Sozialisation und Individualität« ist im gleichnamigen Band dieser Reihe an vier Ansätzen der Sozialisationstheorie dargestellt. Dabei tritt eine Erklärung hervor unter verschiedenen Gesichtspunkten, die auch hier angesprochen werden soll: Identität als ein Zustand der Balance. Diesen Ansatz hat besonders Krappmann entfaltet.

»Eine gelungene Identitätsbildung ordnet die sozialen Beteiligungen des Individuums aus der Perspektive der gegenwärtigen Handlungssituation zu einer Biographie, die einen Zusammenhang, wenngleich nicht notwendigerweise eine konsistente Abfolge, zwischen den Ereignissen im Leben des Betreffenden herstellt.... Diese Identität stellt die Besonderheit des Individuums dar; denn sie zeigt auf, auf welche besondere Weise das Individuum in verschiedenartigen Situationen eine Balance zwischen widersprüchlichen Erwartungen, zwischen den Anforderungen der anderen und eigenen Bedürfnisse sowie zwischen dem Verlangen nach Darstellung dessen, worin es sich von anderen unterscheidet, und der Notwendigkeit, die Anerkennung der anderen für seine Identität zu finden, gehalten hat« (*Krappmann* 1972, S. 9)

Die Tatsache der Existenz eines Menschen schließt nicht Individualität als Tatsache ein. Krappmann spricht davon, daß der Aufbau einer individuierten Identität eine Leistung des einzelnen Menschen ist, die von sozialen Interaktionsprozessen abhängt. Von zwei Seiten her ist eine Gefahr des Mißlingens gegeben. Einerseits können die äußeren Verhältnisse so widersprüchlich sein, daß das Individuum sich ihnen gegenüber als Identisches nicht behaupten kann. Andererseits kann das Individuum aus einer gestörten Sozialisation heraus so geschädigt und schwach sein, daß es in der Wahrung einer kontinuierlichen Identität versagt.

Die Sozialpsychologie hat sich vor allem mit Störungen und Fehlverläufen der Identitätsbildung zu befassen: mit kulturellen Identitätskrisen, wie sie etwa im Verlauf von sozialer Mobilität auftreten (z. B. ausländische Arbeiter), mit sozialen Krisen, wie sie etwa im sozialen Aufstieg oder Abstieg auftreten, oder mit personalen Krisen der lebensgeschichtlichen Entwicklung. In lebensgeschichtlichen Zusammenhängen wird oft von quasinatürlichen Krisen gesprochen, die vor allem als Alltagstheorien sehr erfolgreich sind, sei es als These vom »verflixten siebten Jahr« einer Ehe, sei es als Theorien von Identitätskrisen vor allem in der Mitte des Lebens, dargestellt vor allem in: Gail Sheehy, In der Mitte des Lebens, – Die Bewältigung vorhersehbarer Krisen (München 1977) und Hermann Schreiber, Midlife Crises – Die Krise in der Mitte des Lebens (München 1977).

Sheehy nennt fünf Krisen: (1) die Loslösung von den Eltern und der Wechsel von der Rolle des Kindes zur Rolle des Ehepartners; (2) die Festlegung vor allem in Berufsrollen; (3) die Überschreitung der »magischen« Grenze von 30 Jahren mit dem starken Bedürfnis, sich als Person zu verwirklichen; (4) die »Torschlußpanik« mit der Lebensfrage: War das schon alles? (5) die Krise um die Alternative »Altes Eisen« und neue Sinngebung.

Mitscherlich hat für den Mann zwei zentrale Krisen genannt: Den Schock beim Eintritt in die Schule, den die Schultüte versüßen soll, und den Schock beim Ausscheiden aus dem Beruf. Für die Frau sind Identitätskrisen schon vorprogrammiert mit dem ihr angesonnenen Leitbild. Eine Frau, die ihre Identität im Bild der Mutter gefunden hat, erlebt jedenfalls eine Krise, wenn die Kinder erwachsen sind und sie sich nicht mehr als Mutter verstehen kann, sondern sich fragen muß: Was bin ich? Bert Brecht hat in der bekannten Kalendergeschichte »Die unwürdige Greisin« den Bann beschrieben, in den eine Frau gerät, wenn sie ein individuelles Leben führen will, und sei es an der Schwelle zum Alter.

Subjekt und Individuum stehen sowohl als umgangssprachliche Bezeichnungen als auch als Begriffe unter einem Schatten. Schmälerungen und Einschränkungen sind schon daran zu erkennen, daß dann, wenn ein

Mensch umgangssprachlich als Subjekt bezeichnet wird, fast immer »verdächtiges Subjekt« gemeint ist. Subjekt ist so schlecht wie eine Beleidigung, und im hochsprachlichen Gebrauch heißt subjektiv so viel wie: es gilt nicht.

Es gibt Menschen und Gruppen, bei denen Behinderung und Verweigerung von Identitätsbildung und -entfaltung so weit reicht, daß ihnen die Bestimmung Mensch abgesprochen wird. Nicht Menschen im vollen Sinne waren im Abendland über Jahrtausende hinweg die Frauen. Ihre Inferiorität wird schon von Aristoteles behauptet: »Das Weib ist Weib durch das Fehlen gewisser Eigenschaften. Wir müssen das Wesen der Frau als etwas betrachten, das an seiner natürlichen Unvollkommenheit leidet.« Diese Behauptung reicht über einen Dr. Möbius hinweg, der zu Beginn dieses Jahrhunderts ein in vielen Auflagen erschienenes Buch schrieb über den »physiologischen Schwachsinn des Weibes«.

Der Frau ist die längste Zeit die volle Anerkennung als Mensch überhaupt verweigert worden. Das zeigt sich schon sprachlich darin, daß im Indogermanischen die Begriffe Mann und Mensch identisch sind. Im genannten Sprachbereich bedeutet das lateinische Wort *homo* (Mann) schlechthin Mensch und prägt damit die *humanitas* des *homo humanus*, wie im Lateinischen *virtus* und im Griechischen *andreia* die Tugend des Mannes als die geltende ausdrücken. Im heutigen europäischen Sprachkreis lassen sich in gleicher Weise die Begriffe *man* (englisch), *l'homme* (französisch) und *uomo* (italienisch) nennen und gegenüberstellen. Im Deutschen sagen wir Mensch und meinen ohne kritische Reflexion primär den Mann. In der Umgangssprache wird das Wort bewußt für die Frau nur als abwertendes Neutrum gebraucht, es heißt also: das Mensch – und dann ist es ein Schimpfwort!

Die Geschlechtsrolle Frau hat unter der Behauptung, ihrem Wesen zu entsprechen, sie auf Zweitrangigkeit festgelegt. In jüngerer Zeit gibt es intensive Bemühungen, den Bann des weiblichen Leitbildes zu brechen und eine subjektbestimmte Identität zu ermöglichen. Das Phänomen Identität soll an diesem Bewußtseinsprozeß akzentuiert werden, und zwar in der Analyse und Problematisierung durch Frauen selbst. Die folgende konkrete Bearbeitung der Thematik hat mir Frau Jutta Müller (24, Pädagogin) zur Verfügung gestellt. Ihre Darstellung bildet den Abschluß dieses Kapitels.

Die emanzipatorische Frauenliteratur befaßt sich schwerpunktmäßig mit der Analyse der gesellschaftlichen und individualpsychologischen Genese weiblicher Sozialisation. Dabei muß sie sich vor allem mit den psychologischen, den psychoanalytischen und den biologischen Erklärungsansätzen auseinandersetzen.

Im folgenden sollen die konträren Positionen kurz dargestellt werden. Der biologische Ansatz rekurriert hauptsächlich auf die natürliche Gebärfähigkeit der Frau und leitet daraus ihre soziale Rolle als Mutter und Pflegerin des Nachwuchses ab. Unter Zugrundelegung der biologisch-geschlechtlichen Ausstattung der Frau werden eine Reihe von natürlichen und instinktmäßigen Begabungen angenommen, die den weiblichen Charakter konstituieren. Dazu gehören insbesondere ihre emotional-sensible Struktur im Gegensatz zur intellektuell-rationalen, die mit ihrer fürsorglichen Zuwendung für die Nachkommenschaft zusammenhängt. Das schützende und pflegerische Moment dieser Aufgabe entspreche ihrer »Natur«; es sei ihr mit ihrer biologischen Ausstattung wesensmäßig mitgegeben. Der Schritt zu der Annahme einer natürlichen Rolle der Frau als Hausarbeiterin und Gehilfin des Mannes ist dann naheliegend. Auch wenn diese sogenannten weiblichen Eigenschaften in der Regel positiv formuliert werden, kann dies nicht über die einengende, inferiore Rolle hinwegtäuschen, die hiermit tatsächlich zugewiesen wird. Wie eine solche Mystifizierung der Frauenrolle aussehen kann, sei an einer Untersuchung von René Spitz (Vom Säugling zum Kleinkind) angedeutet. Er beschreibt darin eine Mutter-Kind-Dyade, die sich über besondere – während der Schwangerschaft und Geburt ausgebildete – instinktmäßige Fähigkeiten der Mutter herstellt und dieser eine nur ihr mögliche Kommunikation mit dem Säugling erlaubt. Er spricht in dem Zusammenhang von einer »telepathischen Sensibilität« der Mutter. Ohne vergleichende Untersuchungen über andere Konstellationen von Kind und Bezugsperson oder den Versuch, andere Erklärungsmöglichkeiten zu finden, werden hier von einem sonst mit wissenschaftlicher Genauigkeit arbeitenden Wissenschaftler irrationale Deutungsmuster bemüht.
Die Frauenbewegung vertritt den Standpunkt, daß das Geschlecht der Bezugsperson für das Kind unerheblich ist; Pflegemutter oder Vater eignen sich ebensogut zur Erziehung des Säuglings wie die leibliche Mutter. Belege dafür finden sich sowohl in der Geschichte, d. h. in der Untersuchung von matriarchalischen Gesellschaften, als auch in der Analyse der Erziehungspraxis, die an Mädchen geübt wird. Daß es noch in unserer Zeit bei einfachen Völkern eine uns als umgedreht erscheinende Geschlechtsrollenverteilung gibt, ist in der anthropologischen Studie »Mann und Weib« von Margret Mead bekannt geworden; sie beschreibt Stämme, in denen die Männer die bei uns als typisch weiblich geltende Verhaltensweisen beherrschen und für Haushalt und Kinderpflege zuständig sind. Eine Studie des Ehepaares Vaerting, die schon in den zwanziger Jahren erschien und sich mit der Untersuchung von matriarchalisch strukturierten Gesellschaften in der älteren Geschichte beschäf-

tigt, ist weniger rezipiert worden. Sie berichten von den Auswirkungen weiblicher Vorherrschaft bei Ägyptern und zahlreichen Naturvölkern; dabei kommen sie zu dem Ergebnis, daß die scheinbar natürlichen Eigenschaften der Geschlechter nicht an das biologische Geschlecht gebunden sind, sondern in erster Linie mit der gesellschaftlichen Macht eines Geschlechts zusammenhängt.
Neben den biologischen Versuchen zur Bestimmung einer »natürlichen« Identität der Frau hat vor allem die Psychoanalyse Beiträge zur Rechtfertigung dieser Annahme geliefert. Die Freudsche Theorie vom Penisneid des Mädchens ist trotz mancher Modifikationsansätze in neuer Zeit noch immer unbestrittener Bestandteil der Tiefenpsychologie. »Irgendeinmal macht das kleine Mädchen die Entdeckung seiner organischen Minderwertigkeit«, meint Sigmund Freud, und »anerkennt die Tatsache seiner Kastration und damit auch die Überlegenheit des Mannes und seiner eigenen Minderwertigkeit« (*Freud* 1972, S. 281 und 279).
Diese entscheidende Entdeckung führt im positiven Fall zur Ausbildung der normalen, d. h. nicht pathologischen weiblichen Psyche, die dann den unerfüllbaren Wunsch nach dem Penis mit dem Wunsch nach Kindern als Ersatz kompensiert. Kann sich die Frau allerdings nicht mit der Tatsache ihrer Unterlegenheit abfinden, kommt es zu einem »Männlichkeitskomplex«. Gespeist von der psychischen Energie des Penisneides begibt sich die Frau in Konkurrenz zu den Männern und versucht es ihnen (beispielsweise im Berufsleben) gleichzutun. Mit dieser Theorie gerät jede Frau, die in irgendeiner Form von den an sie gerichteten Rollenerwartungen abweicht, in den Ruch der psychischen Abnormität.
Viel einleuchtender, als den Penisneid des Mädchens als Grund seiner Inferioritätsgefühle gegenüber dem männlichen Geschlecht anzunehmen, ist die naheliegende Erklärung, daß das Kind schon sehr früh (allein durch das Rollenverhalten von Vater und Mutter) seine unterlegene Lage erkennt und entsprechend reagiert. Wenn das kleine Mädchen dem Jungen etwas neidet, dann ist es viel eher die größere Autonomie und das größere Prestige seines Geschlechts als ein Körperglied, das es vielleicht nicht einmal kennt. Der Penis als Symbol der männlichen Vorherrschaft wird bei Freud zu deren Ursache; in dieser Bedeutung bleibt er befangen, obwohl er selbst zugesteht, daß »unsere Einsichten in diese Entwicklungsvorgänge beim Mädchen unbefriedigend, lücken- und schattenhaft sind« (*S. Freud,* 1972, S. 250).
Die Argumentation gegen die Annahme einer »natürlichen« Bestimmung der Frau darf sich jedoch nicht mit der Widerlegung von Zuschreibungen begnügen. Wichtig ist die konkrete Untersuchung und Analyse der Faktoren, die die Geschlechtsbestimmung soziokulturell

überformen. Vom Zeitpunkt der Geburt an wird der Mensch, da er nicht mit Instinkten ausgestattet ist, durch seine soziale Umwelt beeinflußt und geprägt. So vermitteln die Eltern, die zumindest für die Erziehung der kleinen Kinder primär zuständig sind, teils bewußt und teils unbewußt Erwartungen, die ihrer gesellschaftlichen Orientierung entsprechen. In einer Gesellschaft, die Geschlechtsrollen differenziert und ungleich bewertet, hat das zur Folge, daß es geschlechtsspezifische Erziehungsstile gibt. Diese Tatsache dokumentiert sich beispielsweise an dem unterschiedlichen Spielzeug für Jungen und Mädchen. Weit problematischer ist die Frage danach, wie tiefgreifend diese elterliche Einflußnahme auf das Verhalten des Kindes ist. Oft sprechen Eltern davon, ihr Kind wolle »von sich aus« nur mit Puppen bzw. Autos spielen, oder ihr kleines Mädchen sei schon immer viel zärtlicher (ängstlicher, ruhiger ...) gewesen als der Bruder. Hier sind die Eltern überzeugt, ihr Kind nicht beeinflußt zu haben, sondern auf seine Bedürfnisse eingegangen zu sein. Um diese Frage entscheidbarer zu machen, muß das Verhalten der kindlichen Bezugsperson von Anfang an beobachtet werden. Vergleichende Untersuchungen zum mütterlichen Verhalten gegenüber männlichen und weiblichen Säuglingen finden sich vor allem bei Belotti (»Was geschieht mit kleinen Mädchen?«) und Scheu (»Wir werden nicht als Mädchen geboren, wir werden dazu gemacht«). Beide greifen dabei auch auf amerikanische Untersuchungsergebnisse zurück. Interessant ist, daß die Mütter in dieser frühen Erziehungsphase ihr spezifisches Verhalten auf das Geschlecht des Kindes nicht bewußt intendieren und auch gar nicht erkennen. So beschreibt Ursula Scheu in ihrem Buch, daß Mütter von männlichen Säuglingen viel häufiger ihr Kind stillen und dies auch pro Mahlzeit und insgesamt länger tun als Mütter von weiblichen Säuglingen. Dabei werden dem männlichen Säugling wesentlich längere Trinkpausen gewährt. Da die Mund- und Gesichtspartie des Säuglings beim Trinken angestrengt wird, entspricht es seinem Rhythmus, nach drei oder vier Zügen eine Trinkpause zu machen. Von Müttern weiblicher Säuglinge werden diese notwendigen Pausen viel häufiger als »Faulheit« interpretiert und deshalb verkürzt. Bei der Untersuchung von zwei Monate alten Säuglingen wurden die männlichen Säuglinge im Durchschnitt 45 Minuten und die weiblichen 25 Minuten gestillt. Ursula Scheu interpretiert dieses Untersuchungsergebnis so:

»Dem Kind die Freiheit zuzugestehen, sich auszuruhen, bedeutet, es als ein Wesen anzuerkennen, das durch seinen eigenen Rhythmus, durch seine individuellen Bedürfnisse gekennzeichnet ist. Gerade in diesem ersten, scheinbar unbedeutenden Zugeständnissen an seine Autonomie zeigt sich der Respekt der Erziehungsperson« (*Scheu,* 1977, S. 55).

Der Junge hat also schon als Kind die Autorität des Mannes. Weiter stellt Ursula Scheu fest, daß auch die akustische, sensorische und optische Stimulierung des Säuglings je nach Geschlecht signifikante Unterschiede aufweist. Beispielsweise werden Mädchen in ihrer Bewegungsfreiheit (Motorik) stärker eingeschränkt als Jungen, d. h. sie dürfen weniger nackt strampeln und werden durch Kleidung und Strampelsäcke in ihrer motorischen Entfaltung behindert. Dahinter vermutet die Autorin die Angst der Mutter, das Mädchen könne zu »wild« werden. Größere Selbständigkeit beim Mädchen wird nur in Bezug auf Essen, Kleidung und Sauberkeit gefördert, was zur Folge hat, daß kleine Mädchen oft schon sehr früh keine Windeln mehr brauchen, alleine essen können und sich selbst anziehen. Diese Art der Selbstständigkeit fördert jedoch nicht die Autonomie des Kindes, sondern ist auf Arbeitsentlastung der Mutter und auf Erlernung »weiblicher« Eigenschaften (sauber, ordentlich) abgestellt. Belotti berichtet in ihrem Buch aus ihrer Erfahrung als Erzieherin und Erziehungsberaterin, daß die Anforderungen an das kleine Mädchen in dieser Hinsicht so rigide und der normalen Entwicklung vorgreifend sind, daß es ängstlich, nervös und passiv wird. So wird in der frühkindlichen rigiden und geschlechtsspezifischen Sozialisation eine Natur hergestellt, die nicht die Natur der Frau ist, sondern die Natur ihrer Benachteiligung.

Kapitel 4: Gruppen und Gruppenprozesse

Orientierung

Die Bedeutung des Begriffs Gruppe wird aufgezeigt. Dabei zielt das Interesse der Soziologie auf die Großgruppe ab, während die Fortschritte in Forschung und Theorie vor allem die Kleingruppe betreffen. Möglichkeiten und Grenzen von Analogien zwischen Klein- und Großgruppen werden am Beispiel von H. Popitz »Prozesse der Machtbildung« angedeutet. Die Theorie der sozialen Gruppe wird nach G. C. Homans skizziert im Blick auf die Verhaltenselemente und auf das innere wie das äußere System. Hier läßt sich schon das Phänomen Gruppe als ein besonderes Feld der Sozialpsychologie erkennen.
Gezielt eingegangen wird auf die Schulklasse als soziale Gruppe. Die Auswirkungen von Unterrichtsstilen werden genannt. Im Mittelpunkt des Abschnittes stehen gruppendynamische Prozesse. Unter den Methoden zur Untersuchung von Kleingruppen werden soziometrischer Test und Soziogramm herausgestellt. Dabei wird auch die verbreitete Annahme einer Homogenität von Kleingruppen genauer untersucht.

Die Bestimmung des Menschen durch Aristoteles als *zoon politikon,* als soziales Wesen, kann so verstanden werden, daß der Mensch nur im Zusammenhang mit seiner sozialen Umgebung zutreffend zu erkennen und zu bestimmen ist. Der Mensch ist nicht nur abhängig von seiner sozialen Umwelt, sondern er »ist« sie in einem hohen Maße; er reproduziert und stellt Bewußtheiten, Einstellungen und Verhaltensweisen seiner Umwelt dar. Wie weit die Anpassung an die soziale Umwelt reicht, dafür gibt es Experimente, die zeigen, daß sogar physische Wahrnehmungen zurückgestellt und verändert werden, wenn sie in Widerspruch geraten zu dem, was die anderen sagen und meinen. So hat man Menschen Töne hören lassen oder ihnen Striche gezeigt, von denen jeweils einer ganz eindeutig kürzer war als die anderen, und hat dann behauptet, daß ein anderer Strich oder ein anderer Ton von den übrigen Teilnehmern des Versuchs als kürzer erkannt worden sei. Daraufhin zogen viele ihre eigene Wahrnehmung zurück und schlossen sich den anderen an. Die einfachste und verbreitetste Charakterisierung der Abhängigkeit der Wahrnehmung von Wirklichkeit ist die Geschichte von des Kaisers neuen Kleidern, in der das, was man mit eigenen Augen sieht, nur dann gilt, wenn es damit rechnen kann, mit dem übereinzustimmen, was andere sehen.
Den Beziehungsrahmen von Menschen bezeichnet man mit dem formalen Begriff der sozialen Gruppe. Die Soziologie hat sich um die

theoretische wie empirische Entfaltung des Begriffes soziale Gruppe bemüht, weil damit jedes soziale Gebilde anzusprechen ist. So kann man ein Volk, einen Staat, eine Rasse, eine Kultur ebenso als Gruppe bezeichnen wie eine Stammtischrunde, die Mitarbeiter eines Betriebes, eine Bande, die Verwandtschaft. Das Spektrum reicht von der Kleingruppe zur Großgruppe. Die ältesten und dauerhaftesten Gruppen, in denen die Menschen leben, sind Familie und Gemeinde, die sozialen Bereiche, in denen sie in Geschlechts- und Generationsbeziehungen ihre biologische und im lokalen Zusammenleben ihre materielle Existenz sichern. Zu Familie und Gemeinde sind auf Grund des Umfangs der Befunde wie der Unterschiede theoretischer Erklärungen im Rahmen dieser Reihe eigene Darstellungen geplant.

Die Soziologie ist besonders an Analysen und Theorien von Großgruppen interessiert. Tatsächlich hat sich hier die Forschung nur in geringem Maße entwickelt, während die Kleingruppenforschung wichtige und intensive Fortschritte gemacht hat. Die Soziologie hat, nachdem sie feststellen mußte, daß man in der Kleingruppenforschung schneller und besser zu Ergebnissen kommen kann, nach der Devise gehandelt, lieber auf einem weniger wichtigen Gebiet Erfolge zu erzielen, als auf einem wichtigen Gebiet Niederlagen einstecken zu müssen, wie es G.C. Homans sinngemäß ausdrückte. Dahinter steht auch die Überzeugung, mit der Kleingruppenforschung Voraussetzungen für die Großgruppenforschung gewinnen zu können oder in ihr Analogien zu finden.

Von Kleingruppen auf Großgruppen zu schließen oder sie als Erklärungsmodelle zu benutzen, ist sehr verbreitet. Ein anschauliches Beispiel dafür bietet Heinrich Popitz in der Schrift »Prozesse der Machtbildung«. Er will die Annahme und den Anschein widerlegen, daß solche Prozesse wie natürlich und selbstverständlich ablaufen. An drei Beispielen – Passagiere auf einem Schiff, Gefangenenlager und Erziehungsanstalt – werden Entwicklung und Ausübung von Macht verfolgt.

Die Akte der Machtausübung – der Veränderung des Verhaltens anderer in einer gewünschten Richtung – stehen in unseren Beispielen in drei unterscheidbaren Verbindungen: in Verbindung mit überlegener bzw. unterlegener Organisationsfähigkeit bestimmter Gruppen; in Verbindung mit exklusiven (andere ausschließenden) Verfügungsgewalten über mehr oder weniger knappe, mehr oder weniger begehrte Güter (»Besitz«, »Eigentum«); in Verbindung mit Prozessen der Anerkennung neuer Ordnungen, die wir hier auf den Begriff der Legitimität bezogen haben (*Popitz,* 1968, S. 39).

Die Erkenntnisse, die für Großgruppen von Bedeutung sind, erfassen die überlegene Organisationsfähigkeit von Priviligierten, die produktive Überlegenheit von Solidaritätskernen und die Reproduktion der Macht

im System der Umverteilung. Sie sind aber den Beispielen mehr unterlegt und werden an ihnen demonstriert, als daß sie aus ihnen gewonnen würden. Solche Fragestellungen, die sich an Großgruppen richten und die sich etwa auf Organisation, Struktur und Funktion richten, werden den Prozessen in Kleingruppen nicht zureichend gerecht. Es hat sich gezeigt, daß hier die Sozialpsychologie bessere Zugänge hat und vor allem die einzelnen in der Gruppe nicht im Verlauf der Auseinandersetzungen an Interesse verlieren und zurücktreten, gegenüber anderen Objekten und Zusammenhängen.
Die Theorie der Kleingruppe hat sich im Feld von Soziologie und Sozialpsychologie entwickelt. Robert K. Merton spricht in der Einführung zur »Theorie der sozialen Gruppe« von George Caspar Homans, die man als eine Art Klassiker ansprechen kann, von einer Verschiebung des soziologischen Interesses auf die Gruppen hin.

Eine solche Verschiebung zeigt sich nun in der Soziologie und ihrem Tochtergebiet, der Sozialpsychologie, seit kurzem in dem rasch wachsenden Interesse am Studium der kleinen Gruppe. ... Als man zum Beispiel aus der Freud'schen Theorie immer mehr die soziologischen Folgerungen zog, stellte man fest, daß diese eine große Anzahl von Hypothesen über die zwischenmenschlichen Beziehungen kleiner Gruppen beinhalteten, besonders – aber nicht ausschließlich – in der Familie. Die Sozialpsychologen, unter denen Kurt Lewin hier die bedeutendste Stellung einnimmt, begannen in experimentell geplanten kleinen Gruppen die Interaktion zwischen den Menschen zu studieren. Moreno ging beharrlich den Folgerungen nach, die sich aus den Untersuchungen der gegenseitigen und einseitigen Anziehung und Abstoßung unter den Mitgliedern einer Gruppe ergaben, und erregte durch seine Leistungen auf dem Gebiet, welches er als Soziometrie bezeichnete, weiteres Interesse am Studium der kleinen Gruppe. ... Und die empirischen Untersuchungen industrieller, politischer und militärischer Bürokratien – oft aus anderen Gründen als mit der Absicht einer Weiterentwicklung der soziologischen Theorie angestellt – führten unerwarteterweise zu einer Wiederentdeckung der Bedeutung kleiner Gruppen, welche häufig ungeplant und typisch an vielen Stellen solcher sozialen Großorganisationen zustandekommen (Einführung, in: *Homans* 1968, S. 19f.).

Die Intim-, Primär- oder Kleingruppe, deren Theorie Homans entfaltet, ist durch die Definition von C. H. Cooley zu Beginn dieses Jahrhunderts bestimmt, die Homans übernimmt: »Unter einer Gruppe verstehen wir eine Reihe von Personen, die in einer bestimmten Zeitspanne häufig miteinander Umgang haben und deren Anzahl so gering ist, daß jede Person mit allen anderen Personen in Verbindung treten kann, und zwar nicht nur unmittelbar über andere Menschen, sondern von Angesicht zu Angesicht.« Homans findet die Verhaltenselemente Aktivität, Interaktion und Gefühl. Jede Gruppe ist durch Aktivität gekennzeichnet. Sie erweist sich als zielgerichtetes Handeln, etwa als Arbeit, Sport, politisches Verhalten. Aktivität ist verbunden mit Interaktion. Die Menschen treten in Beziehungen zueinander, die Aktivität wird von Interaktionen getragen, sie wird ausgelöst, gesteuert. Interaktion ist häufig auch sprachliche Kommunikation. Interaktion ist nie allein sachlich – funktional, sondern immer von Gefühl begleitet, von Zuneigung oder Abneigung. Mit der Zuneigung steigt meist die Häufigkeit von Interaktionen in der Gruppe, mit der Abneigung frieren die Interaktionen ein. Man kann diese Regeln auch umgekehrt anwenden. Wenn Menschen in einer Gruppe häufig interagieren, dann wird auch ihre Zuneigung steigen, und wenn es keine Interaktionen zwischen ihnen gibt, dann wird die Zuneigung abnehmen.

Die soziale Gruppe läßt sich als System kennzeichnen und zwar unter zwei Gesichtspunkten. Die Gruppe stellt einmal ein eigenes System dar, das als inneres System zu bezeichnen ist. Eine soziale Gruppe als Kleingruppe ist zugleich umgriffen von größeren Gruppen bis hin zur Gesamtgruppe, zu der sie gehört. Etwa: Schulklasse, Schule, Stadt, Land, Staat... Diese Zugehörigkeit von Gruppen läßt sich als äußeres System bezeichnen. Sowohl im inneren wie im äußeren System geht es um das Überleben der Gruppe. Im inneren System ist das Überleben der Gruppe in dem Maße gesichert, in dem ihre Normen und Werte eingehalten werden. Das hängt vom Konsens der Gruppenmitglieder ab, von der Struktur der Gruppe, von den Sanktionen, die zur Verfügung stehen, und ihrer Anwendung. Die Beziehung der Kleingruppe zum äußeren System ergibt sich dadurch, daß sowohl innerhalb der Kleingruppe als auch in den sie übergreifenden größeren Gruppen Werte und Normen gelten, daß sie Ziele und Aufgaben haben. Die Kleingruppen sind bis zu einem bestimmten Grad eigene Systeme. Sie sind aber zugleich Teile der größeren, sie übergreifenden Systeme. Ihre Binnennormen und -ziele können in Übereinstimmung oder in Widerspruch stehen mit den Normen und Zielen des äußeren Systems.

Eine Gruppe, die mit den gesellschaftlich höchsten Werten übereinstimmt oder diese sogar setzt, steht als Elite an der Spitze der sozialen Hierarchie, Gruppen mit abweichenden Normen oder mit als wenig wichtig geltenden Funktionen stehen am Rande oder am unteren Ende des Sozialsystems, sie werden zu Minderheiten oder Unterschichten gezählt. Gruppen, die im Widerspruch stehen zum äußeren System, können nicht überleben oder werden isoliert. Eine Verbrecherbande etwa kann im inneren System sehr fest gefügt sein und zusammenhalten, im äußeren System wird sie nicht bestehen können, denn das Überleben des äußeren Systems und der anderen in ihr bestehenden Gruppen ist wiederum von einer solchen Gruppe bedroht.

Die Unterscheidung von äußerem und innerem System akzentuiert sich auch danach, ob man eine soziologische oder sozialpsychologische Betrachtungsweise wählt. In der soziologischen reproduziert sich das äußere System im inneren, in der sozialpsychologischen ist die Gruppe ein dynamisches System, in dem Individuen Realität erfahren und sich mit ihr auseinandersetzen. Die Gruppe ist sozusagen etwas, was dem Individuum angetan wird, eine »ärgerliche Tatsache«, und zugleich etwas, was es sich schafft und braucht. Eine Gruppe, die jeder einzelne »durchläuft«, die die Gesellschaft und jeder Einzelne brauchen, ist etwa die Schulklasse. Sie soll als Beispiel behandelt werden für besondere Erkenntnisleistung und Wirklichkeitserfassung der Sozialpsychologie.
Die Schulklasse ist eine Gruppe, die sich nicht nach den Wünschen ihrer Mitglieder gebildet hat. Sie ist keine informelle, sondern eine formelle Gruppe. Die Klasse ist als ein Zwangsaggregat zu bezeichnen, in dem Kinder unter bestimmten äußeren Voraussetzungen wie Alter, Wohngebiet usw. zusammengefaßt und auf das bestimmte Ziel der Erziehung und Ausbildung festgelegt sind. Die Gruppe Schulklasse steht in einem Organisationsgefüge, das im Laufe der Zeit immer komplexer geworden ist und das von der einklassigen Schule bis zu Großformen wie die Gesamtschule reicht. Von diesen äußeren Systemen hängt auch das Überleben der Klasse ab. Klassenverbände können teilweise oder vollständig aufgelöst werden, in Kursen, Arbeitsgemeinschaften usw. Klassen haben auch eine hohe Fluktuation. Das System von Sitzenbleiben, Klassenteilungen und Übergänge auf andere Schulen sorgt dafür, daß am Ende einer Schulzeit nur wenige von den Schülern »übrigbleiben«, die in einer Klasse begonnen haben.
Aktivität und Interaktion in einer Klasse werden von außen bestimmt, durch Lehrpläne, Verordnungen usw. Der Lehrer bringt als »Grenzgänger« die Ziele der Gruppe ein und bestimmt die Gruppenprozesse. Dabei neigt er dazu, informelle Prozesse wie etwa die Bildung von Freundschaftsgruppen einzuschränken oder zu übersehen. Das Verhalten des Lehrers, das am stärksten in die Klasse hineinwirkt, wird als Unterrichtsstil bezeichnet. Gewöhnlich unterscheidet man drei Unterrichts- oder Führungsstile in der Klasse, und zwar den sogenannten »laissez-faire-Stil«, den autoritären Stil, der auch autokratisch, patriarchalisch oder dominativ genannt wird, je nach Interpretation und Grad der Dominanz des Lehrers, und den demokratischen oder integrativen Stil. Den laissez-faire-Stil gibt es freilich in der Praxis kaum. Er überläßt jede Aktivität den Schülern und wurde bisher eigentlich nur in extremen Situationen angewandt. Ein Beispiel gibt O. Neill im Bericht über das Schullandheim in Summerhill.
Die autoritär geführte Klasse ist auf den Lehrer zentriert. Aktionen und

Interaktionen werden von ihm eingeleitet und gesteuert durch Ketten von Befehlen und Anweisungen, durch Kontrolle und Beurteilung. Der größte kommunikative Aufwand liegt beim Lehrer, er spricht am häufigsten und am längsten. Reinhard Tausch hat in exakten Untersuchungen nachgewiesen, daß in solchen Klassen oft der Lehrer in einer Stunde mehr spricht als alle seine Schüler zusammen. Noch bedrückender werden solche Befunde bei der Gegenüberstellung, daß in diesem »Stil« ein Lehrer in einer Stunde mehr spricht als der »schwächste« Schüler im ganzen Jahr.

Bei einem demokratischen oder integrativen Unterrichtsstil sind die Schüler stärker nicht nur an Details der Arbeit beteiligt, sondern auch an der Problemstellung und Methodenfindung. Der Lehrer ist nicht so sehr Zentrum in der Klasse, die Klasse bildet eine eigene Dynamik aus, sie übt soziale Kontrolle. Die Interaktion ist hoch. Erste Untersuchungen der Führungsstile bilden die Sozialexperimente von K. Lewin und seinen Mitarbeitern Lippit und White und beziehen sich auf Kleingruppen von 10- bis 11jährigen Kindern. Eine Übertragung auf die Schulklasse erfolgte durch R. C. Anderson und C. W. Gordon in den USA und durch U. Walz in der Bundesrepublik. Die Untersuchungen befassen sich vor allem mit gruppendynamischen Prozessen in der Klasse. Es lassen sich formelle und informelle Strukturen der Klasse unterscheiden.

Gruppendynamische Prozesse innerhalb der Schulklasse sind heute in ihrer Bedeutung stärker erkannt als früher. Die Klasse wird nicht mehr als Masse gesehen. Besonders beachtet wird die Dynamik, die sich in der Bildung von informellen Gruppen ausdrückt. Die »Entdeckung« der informellen Gruppe geschah zuerst im Bereich der Industriesoziologie durch die Untersuchungen von Elton Mayo in den Hawthorne Werken. Es zeigt sich dabei, daß auch die Arbeitsleistungen im Zusammenhang stehen mit Prozessen der Gruppenbildung. Das Wort »Gruppendynamik« stammt aus der Schule von K. Lewin. Das »Klima« einer Gruppe, das sich als »Betriebsklima«, als »Schulklima« oder »Klassengeist« äußert, ist auch deshalb so bedeutsam, weil es Leistungen motiviert und bestimmt und weil in ihm die soziale Reifung geschieht. Inzwischen sind auch Methoden zur Messung und Darstellung sozialer Nähe und Distanz entwickelt worden, wodurch Aussagen möglich wurden über informelle Gruppen, die sich spontan bilden und auch wieder auflösen können, in denen Phänomene wie Zuneigung, Fähigkeit zur Anpassung, Kooperation und Aktivität und Initiative eine große Rolle spielen.

Informelle Gruppen in der Schulklasse wie Freundschaftsgruppen oder »Cliquen« entsprechen oft den sozialen Schichten, aus denen die Schüler kommen. Diese Gruppen stehen untereinander in Rangverhältnissen. In den Freundschaftsgruppen orientiert sich ein Schüler oft auch stärker als

an Eltern oder Lehrer, d. h. er richtet sich sehr stark nach den in den Kleingruppen geltenden Meinungen, Werten und Normen.
Psychologie, Soziologie und Sozialpsychologie haben Methoden entwikkelt zur Untersuchung von Gruppen und der in ihnen ablaufenden Prozesse. Zu unterscheiden sind quantitative und qualitative Verfahren, die von der Statistik bis zur Einzelfallstudie reichen.
Bedeutungen haben dabei die teilnehmende und nichtteilnehmende Beobachtung, die sich dadurch unterscheiden, daß bei der teilnehmenden Beobachtung der Beobachter weitgehend in der Gruppe integriert, also als Gruppenmitglied anerkannt und mit bestimmten Rollen betraut ist, wobei eine intensivere und intimere Beobachtung möglich ist als bei der nichtteilnehmenden Beobachtung, bei welcher der Beobachter außerhalb der Gruppe steht.
Die am meisten verbreitete und wichtigste Methode, um im Bereich der Schulklasse soziale Beziehungen und ihre Dynamik zu messen, ist die des soziometrischen Tests, welche die Strukturen einer Klasse auf verhältnismäßig einfache Weise deutlich werden läßt. Die bekanntesten soziometrischen Tests sind von Moreno in den USA entwickelt worden. Moreno geht von »sozio-emotionalen Anziehungs- und Abstoßungskräften« aus. Im soziometrischen Test werden emotional bestimmte Einstellungen und Verhaltensweisen erkannt. Der Test wird in der Weise angewandt, daß die Schüler z. B. gefragt werden, neben wem sie sitzen, mit wem sie zusammen arbeiten wollen. Daraus ergibt sich eine soziometrische Tabelle. Die graphische Darstellung der festzustellenden Distanz oder Nähe geschieht im Soziogramm. Es gibt in Form eines Netzwerkes Auskunft über die Gruppierungen in der Klasse, über die soziale Position jedes einzelnen Schülers und, bei Wiederholung des Soziogramms in zeitlichen Abständen, über die Entwicklung der Klasse. Wichtig sind die Positionen der »Stars« und der »Außenseiter«. Typische Figuren sind das Paar, die Kette, das Dreieck, das Viereck, die Clique. Soziographische Untersuchungen sind wichtig beim Zusammentreffen bisher getrennter Gruppen in neuen Klassen, etwa Jungen oder Mädchen, beim Eintritt von Minderheiten in eine Klasse, bei der Differenzierung in Leistungsgruppen etwa im Kern- und Kurssystem. Aus dem Soziogramm sind die Grade der Integration der Schüler in die Klasse zu erkennen und Konfliktsituationen, wie die für alle Seiten gefährliche Situation des »Prügelknaben«, »schwarzen Schafes« oder Außenseiters, die es zu vermeiden oder zu überwinden gilt. Es hat sich gezeigt, daß die Randpositionen (die Stellung der Isolierten, der Abgelehnten, der Igel, der Cliquen) schwer zu ändern sind, namentlich dann, wenn die Klassenstruktur sich schon weitgehend gefestigt hat. Meist bildet sich bei Schulklassen mit geringer informeller Gruppenstruktur, die durch einen autoritären Unterrichtsstil einheitlich

und geschlossen gehalten werden, ein gesteigertes Wir-Bewußtsein mit einer extrem positiven Ausstattung der eigenen Gruppe und der Projektion von negativen Stereotypen auf fremde Gruppen, z.B. Klassen, Schulen, Länder, Völker, Rassen. Dieses ingroup-outgroup-Bewußtsein kann als eine Bildungsbarriere die geistige und soziale Entwicklung blockieren.

Nach verbreiteten Vorstellungen und Meinungen gelten Kleingruppen als homogen, als konfliktfrei, als Gemeinschaften in emphatischem Sinne. So hat man die Familie angesprochen als Gruppe, in der die Mitglieder die eigenen Bedürfnisse und Interessen zurückstellen zu Gunsten jeweils der anderen. Die Großgruppen hingegen sieht man als heterogen und konfliktbestimmt; in ihnen sucht jeder sein Interesse nach dem Prinzip *do ut des:* Ich gebe etwas nur, wenn ich dafür etwas erhalte. Tatsächlich sind auch Kleingruppen oft inhomogen. Eine behauptete Homogenität und Konfliktfreiheit wirkt sich meist als Benachteiligung der Gruppenmitglieder aus, deren andere Interessen und Voraussetzungen übersehen wurden. Auch eine Schulklasse ist gewöhnlich eine inhomogene Gruppe. Es gibt soziale und kulturelle Unterschiede neben den individuellen.

In zahllosen Schulklassen sind heute Kinder von Eltern, die in unserer Gesellschaft zu Minderheiten gehören. Solche Kinder wurden in der Vergangenheit kaum gefördert, sie »saßen ihre Zeit ab«, oft ohne aufzusteigen, wenn sie überhaupt eine Schule besuchten. Dabei ist zu unterscheiden zwischen Minderheiten, die nach Integration und Assimilation streben, und Minderheiten, die ihre Eigenart zu erhalten wünschen. Kinder von assimilationswilligen Eltern zeigen sich nach den Phänomenen der Marginalexistenz oft extrem angepaßt und konformistisch. Sie sind außerordentlich bemüht, sowohl nach ihren Leistungen als auch nach ihrem Ansehen in der Klasse eine möglichst günstige Position zu erreichen, also vom Rand wegzukommen.

Kapitel 5: Sprache und Kommunikation

Orientierung

Sprache thematisiert sich für die Sozialpsychologie als soziale und kulturelle Kommunikation. Dabei steht sie in der Problemgeschichte der philosophischen Sprachtheorie. Defizite einer sozialpsychologischen Theorie der Störung und des Mißlingens von Kommunikation werden am Beispiel von Watzlawick gezeigt. Damit soll eine Voraussetzung geschaffen werden für eine eigene Auseinandersetzung mit anderen Theorien. Dringlichkeit und Form dieser Auseinandersetzung werden in diesem Kapitel an Beispielen von »Sprachregelung« aus der Zeit des Nationalsozialismus aufgezeigt und an sprachlichen Phänomenen, die fixierte Einstellungen oder auch Abwertungen verdecken, aktualisiert.

Die Weichen für die Sprach- und Kommunikationstheorien innerhalb der Sprachpsychologie wurden in der griechischen Philosophie gestellt, vor allem bei den jonischen Naturphilosophen, den Vorsokratikern also, und bei Platon. Die zentrale Frage, die das Phänomen der menschlichen Sprache thematisierte und ihre Problematik bestimmte, war die: Wie ist es möglich, daß der Mensch mit seiner Sprache, mit den Wörtern, die er benutzt, die Wirklichkeit als etwas Bleibendes, als etwas Identisches, als Sein anspricht? Er nimmt sie doch nur als Veränderung wahr, den Fluß als etwas, was dauernd ein anderes ist, die Flamme als etwas, was sich dauernd selbst verbrennt, wie Heraklit sagt. Die Antwort, die Parmenides und Platon geben, ist, daß der Mensch Anteil an der Wahrheit, am Sein hat, und in dem Maße dieses Anteils über Sprache verfügt. Das heißt aber gerade, daß er nicht über Sprache verfügt, sondern daß sich ihm Sprache eröffnen oder verschließen kann, wobei immer stärker ein Sprachverlust des Menschen erkannt wird, etwa bei Hölderlin im Bild vom »Dichter in dürftiger Zeit«, bei Heidegger im Bild vom Menschen, der nicht mehr »in der Wahrheit des Seins wohnt«.

In Frage nach Wahrheit der Sprache ist ein anderer Ansatz aus der Frühzeit der Philosophie unterdrückt und diffamiert worden. Es ist der Erklärungsansatz der Sophisten, die den Menschen als »Maß aller Dinge« und die Sprache als Ausdruck menschlicher Erfahrung und menschlicher Intentionen sehen. Aber wie das Wort Sophist bis auf den heutigen Tag eine diskriminierende Bezeichnung ist, so ist das Bewußtsein von Sprache als Geschehen und Prozeß zwischen den Menschen in einer langen Folgezeit geradezu tabuiert und ausgeblendet worden. Erst in neuerer Zeit tritt die soziale Dimension der Sprache mehr in den Vordergrund,

das heißt, die Sprache wird weniger als Ausdruck absoluter Wahrheit hinterfragt als auf ihre Bedeutung für Kommunikation hin und als Ausdruck und Medium von Sozialisationsprozessen.
Hier liegen auch das Interesse und der Zugang der Sozialpsychologie zur Sprache. Sie hat es mit großen Schwierigkeiten zu tun, weil die »Theorieschiene« bisher ganz einseitig verlief und viele Zusammenhänge in ihr eingebaut und »verbraucht« sind, die kaum mehr aus ihr herauszubrechen sind und nur schwerlich für neue Ansätze zur Verfügung stehen. Die Sozialpsychologie zahlt den Preis, daß sie mit »Teilaspekten« und »Restproblematiken« der Sprache umzugehen hat. Dabei ergeben sich Verkürzungen und Verzerrungen, welche die Tragfähigkeit verschiedener Ansätze in Frage stellen. Das soll am Beispiel der Kommunikationstheorie von Watzlawick angesprochen werden.
In den Kommunikationstheorien, die für die Sozialpsychologie kennzeichnend sind, ist das Gelingen von Kommunikation ein extremer Sonderfall, gegen den man Mißtrauen hegt, als ob es eine besonders komplexe Form kommunikativer Störung sei. Kommunikation heißt: gestörte, mißlingende, widersprüchliche Kommunikation. Es geht mehr darum, festzustellen, warum wir uns nicht oder falsch verstehen, obwohl wir doch dauernd miteinander kommunizieren. Das ist auch eine wichtige These von Watzlawick: Es ist unmöglich, nicht zu kommunizieren. Auch der Mensch etwa, der mit den anderen Menschen nicht redet und sie keines Blickes würdigt, kommuniziert mit ihnen. Der Inhalt seiner Kommunikation heißt: ich will mit euch nichts zu tun haben, und er erwartet, daß man diese Botschaft versteht. Die Kommunikation, in die wir unlösbar und ununterbrochen verwickelt sind, ist so beschaffen, daß sie dauernd verstümmelt ist und mißverstanden wird und mit Wirklichkeit nichts oder wenig zu tun hat. Umgekehrt: Watzlawick neigt eher dazu, Kommunikation nach Form und Inhalt in ihrer Widersprüchlichkeit und Wahnhaftigkeit eben als »Wirklichkeit« zu nehmen, und vor einer Wirklichkeit und einer Wahrheit, die darüber hinausreichen, zu resignieren. Dann erhebt sich freilich die Frage, warum wir über diese Kommunikation uns einig werden und Erkenntnisse gewinnen können, die ja doch den Anspruch auf Wahrheit erheben. Es ist die Frage danach, wie weit eine Kommunikation über die Kommunikation selbst, eine Metakommunikation, nötig und möglich ist.
Kommunikation geschieht nicht einfach im System von Sprachen, in einem Vorrat möglicher Zeichen und in einem Verhaltensrepertoire. Kommunikationsverläufe sind weitgehend nach kulturellen und sozialen Mustern festgelegt. Watzlawick bringt dafür ein anschauliches Beispiel aus der Zeit des Zweiten Weltkrieges. Damals waren in England amerikanische Soldaten stationiert, unter denen die Ansicht verbreitet

war, die englischen Mädchen seien sexuell überaus nachgiebig, während die englischen Mädchen meinten, die amerikanischen Soldaten seien allzu stürmisch.

Eine Untersuchung, an der u.a. Margaret Mead teilnahm, führte zu einer interessanten Lösung dieses Widerspruchs. Es stellte sich heraus, daß das Paarungsverhalten (courtship pattern) – vom Kennenlernen der Partner bis zum Geschlechtsverkehr – in England wie in Amerika ungefähr dreißig verschiedene Verhaltensformen durchläuft, daß aber die Reihenfolge dieser Verhaltensformen in den beiden Kulturbereichen verschieden ist. Während z.B. das Küssen in Amerika relativ früh kommt, etwa auf Stufe 5, tritt es im typischen Paarungsverhalten der Engländer relativ spät auf, etwa auf Stufe 25. Praktisch bedeutet dies, daß eine Engländerin, die von ihrem Soldaten geküßt wurde, sich nicht nur um einen Großteil des für sie intuitiv »richtigen« Paarungsverhaltens (Stufe 5–24) betrogen fühlte, sondern zu entscheiden hatte, ob sie die Beziehung in diesem Punkt abbrechen oder sich dem Partner sexuell hingeben sollte. Entschied sie sich für die letztere Alternative, so fand sich der Amerikaner einem Verhalten gegenüber, das für ihn durchaus nicht in dieses Frühstadium der Beziehung paßte und nur als schamlos zu bezeichnen war. Die Lösung eines solchen Beziehungskonfliktes durch die beiden Partner selbst ist natürlich deswegen praktisch unmöglich, weil derartige kulturbedingte Verhaltensformen und -abläufe meist völlig außerbewußt sind. Ins Bewußtsein dringt nur das undeutliche Gefühl: der andere benimmt sich falsch (*Watzlawick* u.a. 1972, S. 20).

Solche Beziehungskonflikte, die Kommunikation aneinander vorbeigehen lassen, reichen weit über das hinaus, was aus sprachlichen Äußerungen selbst entnommen werden kann. Kommunikation ist umfassender und insgesamt viel anfälliger. Sie reicht auch über den bisher genannten privaten Bereich hinaus. Für den politischen Aspekt solcher mißlingender Kommunikation könnten die Besprechungen Hitlers mit dem russischen Außenminister Molotow im November 1940 in Berlin als Beispiel genannt werden. Es ging um eine Erweiterung des deutsch-russischen Abkommens und einen Beitritt Rußlands zum Dreimächtepakt Deutschland–Italien–Japan. Für Hitler stand mit dieser Verhandlung Krieg oder Frieden mit Rußland auf des Messers Schneide. Für ihn waren die Forderungen und Bedingungen Rußlands »das letzte Wort«, mit dem der Würfel fiel. Rußland sah diese Besprechung als Auftakt für langwierige Verhandlungen, bei denen es darauf ankam, mit Maximalforderungen aufzuwarten, bei denen man dann in langen und zähen Verhandlungen immer mehr Abstriche machen konnte, um am Ende sich auf das zu einigen, worauf es wirklich ankam. Hitler hat dieses kommunikative Angebot nicht verstanden und nach diesem Gespräch mit den Vorbereitungen zum Überfall auf Rußland begonnen.
Da in der Kommunikation die Sprache nur eine, und nicht selten sogar die

Nebenrolle spielt, ist die Gefahr groß, daß es zwischen den verschiedenen Kanälen zu widersprüchlichen Kommunikationen kommt. Die Kommunikation kann dabei auch paradox verlaufen. Paradoxien in der menschlichen Kommunikation wurden zuerst 1956 von Bateson und seinen Mitarbeitern beschrieben als schizophrene Kommunikation. Dabei wurde der Begriff der Beziehungsfalle geprägt *(double bind)*. Eine Beziehungsfalle ist gegeben, wenn zwei oder mehrere Personen in engen Beziehungen stehen, die für die eine Person oder mehrere Personen lebenswichtig sind, und wenn in diesen Beziehungen Aussagen sich widersprechen. Das ist z. B. der Fall, wenn eine Mutter ihrem Kind sagt, daß sie es liebt, und ihm zugleich durch physisches Verhalten zu verstehen gibt, daß sie es verabscheut. Auch in Formen, die nicht lebenswichtig für die Teilnehmer sind, kommt paradoxe Kommunikation dauernd vor. Da ist das Ehepaar, das von einem Besuch überrascht wird, und mit unglücklicher Miene beteuert, wie sehr es sich freut. Wir genießen paradoxe Kommunikation oft als Witz, wenn wir die Widersprüche zwischen Sprache und dem damit Gemeinten, zwischen Bild und Text in einer Metakommunikation erkennen. Auch die Werbung benutzt dieses Mittel, um über das Erkennen des Paradoxen eine Mitteilung zu machen. Dafür ein Beispiel aus der »offiziellen Werbung« der Verkehrserziehung. In Bayern wurden vor geraumer Zeit Verkehrssünden und ihre Folgen Autofahrern in der Form von »Marterln«, das sind alte bayerische Mahnverse, die auf Holztafeln an Unglücksstellen angebracht wurden, vorgehalten. Ein solcher »Marterlspruch« lautet:

Hier ruhen leider zwei Familien,
sie wollten schnurstracks nach Sizilien.
Der Vater schlief am Steuer ein.
Der Herr soll ihnen gnädig sein.

Ein Meister des Humors mit den Mitteln des Paradoxen ist schon Wilhelm Busch. Da ist etwa die paradoxe Klage der Frau Zwiel um ihren erfrorenen Mann, den sie morgends vor ihrer Haustür findet, als die Milchfrau läutet:

»Schau, schau!« ruft sie in Schmerz versunken.
»Mein guter Zwiel hat ausgetrunken!
Von nun an, liebe Madam Pieter,
bitt' ich nur um ein Viertel Liter!«

Ein Versuch zur Erklärung der Störungen in der Kommunikation ist die Unterscheidung von Inhalts- und Beziehungsaspekt.

Wenn man untersucht, was jede Mitteilung enthält, so erweist sich ihr Inhalt vor allem als Information. ... Gleichzeitig aber enthält jede Mitteilung einen weiteren

Aspekt, ... nämlich einen Hinweis darauf, wie ihr Sender sie vom Empfänger verstanden haben möchte. Sie definiert also, wie der Sender die Beziehung zwischen sich und dem Empfänger sieht... Wir finden somit in jeder Kommunikation einen Inhalts- und einen Beziehungsaspekt (*Watzlawick* u. a. 1972, S. 53).

Kommunikation ist häufig durch Differenzen zwischen Inhalts- und Beziehungsebene gestört. Watzlawik gibt dazu folgendes Beispiel. Der Mann erhält in Abwesenheit seiner Frau den Anruf eines gemeinsamen guten Bekannten, der auf der Durchreise ist. Er lädt ihn ein und bietet ihm das Gästezimmer an. Als er seiner Frau bei der Rückkehr von der Einladung erzählt, gibt es einen heftigen Streit. In einer späteren Analyse des Streits ergibt sich, daß auch die Frau für die Einladung war und daß auch sie den Bekannten eingeladen hätte, wenn sie zur Zeit des Anrufs daheim gewesen wäre. Wieso hatten die beiden dann Streit, wenn sie sich doch einig waren? Die Einigkeit bestand nur für die Inhaltsebene. Den Streit gab es auf der Beziehungsebene. Die Frau wollte nicht, daß der Mann entscheidet, ohne daß sie vorher zugestimmt hat.
Diese Deutungen menschlicher Kommunikation laufen nicht auf eine Theorie hinaus, die als Sprachtheorie weitere soziale und kulturelle Aspekte einbezieht als bisherige Theorien, sondern auf Resignation gegenüber einer Erkenntnis von Sprache und Kommunikation, die auch noch die Unerkennbarkeit von Wirklichkeit einschließt.

Es soll gezeigt werden, ... daß das wacklige Gerüst unserer Alltagsauffassungen der Wirklichkeit im eigentlichen Sinne wahrhaft ist, und daß wir fortwährend mit seinem Flicken und Abstützen beschäftigt sind – selbst auf die erhebliche Gefahr hin, Tatsachen verdrehen zu müssen, damit sie unserer Wirklichkeitsauffassung nicht widersprechen, statt umgekehrt unsere Weltschau den unleugbaren Gegebenheiten anzupassen. Es soll ferner gezeigt werden, daß der Glaube, es gäbe nur eine Wirklichkeit, die gefährlichste all dieser Selbsttäuschungen ist; daß es vielmehr zahllose Wirklichkeitsauffassungen gibt, die sehr widersprüchlich sein können, die alle das Ergebnis von Kommunikation und nicht der Widerschein ewiger, objektiver Wahrheiten sind (*Watzlawick* 1976, S. 7).

Die Sozialpsychologie steht für ihre eigenen Theorien von Sprache und Kommunikation in der Folgegeschichte der philosophischen Sprachtheorie. Ansätze, die – wie die oben genannte – mehr von seiten der Psychologie her kommen, geraten über interessante Details bald in Widersprüche und Sackgassen. Aussichtsreicher sind Erklärungsansätze, die stärker soziale und kulturelle Faktoren einbeziehen. Hier sind die Unterscheidungen von Sprachcodes und die anschließenden Hypothesen zu nennen, die von Basil Bernstein entworfen und später fortgeführt wurden. (Dieses Thema wird in einem eigenen Band dieser Reihe behandelt. Arbeitstitel: H. Burger, Kommunikation und Sprache.)

Ebenso gewinnt in neuester Zeit die Frage der Sprachkontakte und ihre Auswirkungen Gewicht. Es sind Fragen, die sich konkret artikulieren in Problemen der Zweisprachigkeit ausländischer Arbeiterkinder in der Bundesrepublik und damit in ihrer interkulturellen Sozialisation, im Verhältnis von Kulturdialekten und Verkehrssprachen in den Entwicklungsländern usw.

Wichtig ist die Beobachtung, daß Sprachtheorien, die Sprache als ein in sich geschlossenes System darstellen, Erklärungsdefizite offen lassen im Blick auf jene Faktoren, die Entwicklung und Funktion der Sprache, Sprachvermögen und Sprachverhalten bestimmen. Die Sprachpsychologie hat die Sprachentwicklung in Altersstufen gesehen, von der Kindersprache zur Sprache des Erwachsenen. Die Sprachsoziologie sieht soziale und kulturelle Determinanten der Sprachfähigkeit und der Sprachstrukturen. In der Analyse der sozialen Einflüsse auf Sprache und Sprechen lassen sich zwei Dimensionen unterscheiden.

Einmal neigen die Menschen dazu, ihre eigene soziale und kulturelle Orientierung, ihre Einstellungen und Wertungen sprachlich projizierend einzubringen. Das zeigt sich als Phänomen der Attribution. Attribution zeigt sich etwa darin, daß man nicht wahrnimmt und sagt: ein Junge, sondern »wahrnimmt« und sagt: ein böser Junge/ein guter Junge. Dahinter steht eine Regulierung des Verhältnisses Person–Umwelt: Eine Sache ändert sich sprachlich mit der Beziehung, die man zu ihr hat. Ob ich etwas von mir aussage oder von Mitgliedern meiner Gruppe oder von Mitgliedern fremder Gruppen, das führt jeweils zu ganz unterschiedlichen sprachlichen Bezeichnungen. Für das gleiche Verhalten intensiven Arbeitens kann man etwa folgende Unterschiede finden: ich bin schöpferisch; die Deutschen (zu denen ich gehöre) sind fleißig; Neger (die ich ablehne) sind faul und arbeiten nur unter Zwang. Der Einfluß dieser Beziehungen zeigt sich auch in folgender Gegenüberstellung:

Die Kinder dösen – Vater ist geistig erschöpft;
Die Kinder brüllen – Vater hebt seine Stimme;
Die Kinder sind neugierig – Vater geht der Sache auf den Grund.

Zum anderen prägen sich im sozialen und kulturellen Rahmen »Sprachregelungen« aus. Wie rigide solche Sprachregelungen sind, soll am Beispiel des Nationalsozialismus angesprochen werden. Sprache als Machtinstrument wird an den »Tagesparolen« deutlich, die der Propagandaminister Goebbels in Pressekonferenzen ausgab, in denen Sprachregelungen getroffen wurden und genau festgelegt wurde, über was und wie zu berichten sei. Das zeigen Beispiele dieser Anweisungen (zitiert aus: *Wulf* 1964, S. 95 bis 105).

Anweisung Nr. 135 vom 26. 1. 1937

Eine westdeutsche Zeitung hatte sich polemisch mit Thomas Mann befaßt. Dies wird als absolut unerwünscht bezeichnet. Thomas Mann soll ausgelöscht werden aus dem Gedächtnis aller Deutschen, da er nicht würdig ist, den Namen Deutscher zu tragen.

Interessant sind auch Wortregelungen. So heißt es in einer »vertraulichen Information« am 16. 3. 1939:

Die Verwendung des Begriffs »Großdeutsches Weltreich« ist unerwünscht. Letzteres Wort ist für spätere Gelegenheiten vorbehalten.

Noch aufschlußreicher sind die vorurteilsvollen Wortmanipulationen in einem Presse-Rundschreiben vom 9. 12. 1941. Da heißt es:

Das Reichsministerium für Volksaufklärung und Propaganda hatte gebeten, das Wort »Katastrophe« aus dem gesamten Sprachgebrauch auszumerzen und an Stelle des Wortes »Katastropheneinsatz« das Wort »Soforthilfe« zu verwenden. Es hat nunmehr vorgeschlagen, an Stelle des Wortes »Katastrophe« künftig die Bezeichnung »Großnotstände« und an Stelle »Katastropheneinsatz« die Bezeichnung »Luftkriegseinsatz« zu wählen, die geeigneter erscheinen als das Wort »Soforthilfe«, das schon anderweitig verwendet werde.

Sprachregelungen gibt es auch heute. Es ist schon ein Unterschied, ob ich Atomkraftwerk sage oder Kernkraftwerk, weil ich im ersten Falle bei einem Unfall von einer »Atomexplosion« sprechen werde, im zweiten Fall vielleicht von einer »Energiefreisetzung«. Im amtlichen Bericht über einen Vorfall im Atomkraftwerk bei Detroit (USA) 1966 heißt es:

Der Radioaktivitäts-Level des Argongases ist Beobachtungen zufolge erheblich angestiegen. Daraus hat sich die automatische Versiegelung des Ventilationssystems des Gebäudes ergeben.

Tatsächlich war der nukleare Brennstoff geschmolzen und das Werk stand vor einer Katastrophe höchsten Ausmaßes. Solche wertenden und »orientierenden« Gegensätze sind weit verbreitet. Da spricht z. B. die Arbeitgeberseite davon, daß sie Arbeitskräfte »freisetzt« und »einspart«, von der Seite der Gewerkschaften aus werden Arbeitsplätze »vernichtet« und »wegrationalisiert«.

Teil III

Soziale Einstellungen und Alltagstheorien – Theoriehorizonte

Kapitel 6: Schwierigkeiten der Definition: Syndrome [1]

Orientierung

Das Kapitel will die Voraussetzungen schaffen für eine differenzierte Auseinandersetzung mit Einstellungen. Konkret behandelt wird dieser Aspekt am Phänomen Vorurteil. Dazu ist eine Unterscheidung notwendig zwischen einer allgemeinen Vorurteilshaftigkeit des menschlichen Bewußtseins und Denkens und den Vorurteilen im sozialen Lebenszusammenhang der Menschen.

Im Abschnitt »soziale Vorurteile« wird gezeigt, daß die Menschen für die Bestimmung sozialer Beziehungen und Prozesse nicht auf die Mathematik zurückgreifen können, die im Bereich der Natur exaktes Erfassen und erfolgreiches Handeln ermöglicht. Soziale Vorurteile schließen Beziehungen der Subjekte zu den Objekten ein und weiter Beziehungen der Objekte zu angenommenen oder tatsächlichen Gruppen.

Anders als im beherrschenden Zugreifen des Erkennens der Natur gegenüber erscheint im sozialen Bereich ein Verhalten angemessen, das mit Toleranz zu bezeichnen ist. Der Abschnitt »Grenzen der Toleranz« zeigt auf, wie in der Aufklärung der Toleranzgedanke nur zum Teil entfaltet wurde und mit dem Verlust des Zieles der Wahrheit sich zu einer »privaten« Haltung verkürzte, die manipulierbar ist und umschlagen kann in »repressive Toleranz«. Aus der Aporie [2] der Forderung nach Toleranz erwächst die Notwendigkeit, dem Phänomen Vorurteil in seinen Zusammenhängen gründlich nachzugehen.

Im Abschnitt »Syndrome als Definition« geht es um Schwierigkeiten der Begriffsbestimmung und der Definition. Die Mehrdeutigkeit der Bezeichnung Vorurteil und weitere in diesem Zusammenhang geltende Begriffe werden angesprochen. Die Schwierigkeit, die Wichtigkeit und die Zusammenhänge der einzelnen Faktoren zu erkennen, führt dazu, daß man von einem Vorurteilssyndrom ausgehen muß. Besondere Faktoren des Syndroms werden genannt. Das Kapitel schließt mit einer »konzentrierten« und einer offenen Definition.

1 Krankheitsbild
2 Ratlosigkeit, Ausweglosigkeit

Das Sicherste, was man über Vorurteile aussagen kann, ist, daß sie allgemein verbreitet sind und für unser Denken und Handeln eine entscheidende Bedeutung haben. Unter diesem Gesichtspunkt könnte man den Menschen als das vorurteilshafte Wesen bezeichnen, das gar nicht in der Lage ist, die Wahrheit zu erkennen und mit der Wahrheit zu leben, und das trotzdem die Wahrheit sucht und auf die angewiesen ist. Im Grunde ist der Anspruch auf absolute Wahrheit das fundamentale Vorurteil des Menschen. Friedrich Nietzsche hat das so formuliert: Die Wahrheit ist die Form von Irrtum, ohne die eine gewisse Art von Lebewesen nicht existieren kann. Die Wahrheit des Menschen schwimmt auf einem Meer von Irrtum, sie steht in einer »Komplizenschaft« mit dem Irrtum. In Nietzsches Kritik heißt das: Siegt die Wahrheit, so frage ich mich immer: welcher Irrtum hat für sie gekämpft? Das kann man auch umdrehen: die »Wahrheit« ist das Instrument, dessen sich der Irrtum, die Unwissenheit, das Vorurteil bedienen.

Dem Menschen ist das Mutmaßen, das Ansinnen, das Behaupten von Wahrheit gemäßer als die Wahrheit selbst. Lichtenberg sagt in einem Aphorismus: Vom Wahrsagen läßt es sich gut leben, vom Wahrheit sagen nicht. Die reine Wahrheit ist nicht für den Menschen, sie ist etwas Schreckliches, das wir nur durch viele Schleier ertragen, wie es Schiller im »Bildnis von Sais« ausgemalt hat. Aber zugleich ist auch unsere »Unfähigkeit zur Wahrheit« unentrinnbar an Wahrheit geknüpft. Alle Zweifel an Wahrheit sind nicht ohne Wahrheit aussagbar. Den Menschen als vorurteilshaftes Wesen zu bestimmen und sich mit Vorurteilen auseinanderzusetzen, ist nur möglich unter zweifacher Bedingung: es »gibt« Wahrheit und der Mensch »weiß«, daß es Wahrheit gibt.

Soziale Vorurteile

Wenn das erkennende Verhalten der Menschen auch insgesamt vorurteilsvoll ist, so müssen wir doch einen Unterschied machen zwischen einer Vorurteilshaftigkeit, die sich auf den Bereich der Natur, und einer Vorurteilshaftigkeit, die sich auf Menschen und ihren gesellschaftlichen Bereich erstreckt.

Der Natur gegenüber ist der Mensch mit seinen Vorurteilen ganz gut zurechtgekommen, selbst wenn er die »wahre« Natur nicht erkannt hat. Seine Berechnungen der Gestirnbahnen stimmen so exakt wie die Maschinen, die er nach seinem Wissen von der Natur konstruiert hat, bei den chemischen Vorgängen ist er kein Zauberlehrling mehr, und sogar die Wettervorhersagen sind schon über das Stadium reiner Zufälligkeit etwas hinausgekommen. Der Mensch hat der Natur gegenüber Methoden gefunden, um mit seiner Unwissenheit umzugehen. Er erträgt sogar die Erfahrung, daß mit seinem Wissen seine Unwissenheit wächst. Die »Voreiligkeit« aller Behauptungen und Annahmen über die Natur ist dadurch ausgeglichen, daß alle Annahmen und Behauptungen ja nur so lange als wahr gelten, solange sie nicht durch Ereignisse widerlegt sind, die nicht nach der angenommenen Regel ablaufen. Die behauptete Wahrheit muß immer wieder eingelöst werden. Und es ist ja auch eine eingeschränkte Wahrheit: die Wahrheit über die Beherrschbarkeit. Über den Blitz z. B. will man ja nicht viel mehr wissen, als wie man ihn einfangen und unschädlich machen kann, und da ist der Blitzableiter gewiß die höhere Wahrheit als ältere Schutzregeln wie »Buchen sollst du suchen, und Eichen sollst du weichen«. Auch verwurzelte falsche Einstellungen bauen sich im Laufe der Zeit ab, oder man kann sie als »Geschmackssache« sehen, über die zu streiten sinnlos ist. »Was der Bauer nicht kennt, das ißt er nicht« – trotzdem ist die Kartoffel bei uns heimisch geworden. Zu Beginn des Jahrhunderts galt die Tomate als giftig – heute ergießen sich Wogen von Ketchup über unser Essen. Und was die »Geschmacksfrage« betrifft: ob man Spargel nur mit Zitrone oder nur mit Butter essen kann, das ist, objektiv gesehen, gleichgültig. Im Kontrast dazu steht der gesellschaftliche Bereich: Wenn man Juden nicht mag, Neger verabscheut oder Ausländer »nicht riechen« kann, dann ist das alles andere als eine Geschmacksache, wenn auch die Wortwahl das glauben machen könnte.

Im sozialen Bereich wirken sich unzureichendes und falsches Wissen ganz anders aus als im Bereich von Natur. Offenbar ist hier das Wissen sehr viel geringer. Das hängt auch damit zusammen, daß es gelungen ist, die Sprache der Wahrheit für die Naturwissenschaften zu finden: die Mathematik. Aber es ist nicht gelungen, die Mathematik als Sprache für die menschliche Wirklichkeit zu übernehmen, obwohl das intensiv versucht wurde. Über Platons Philosophenschule auf dem Hain Akademos, der den Begriff Akademie geprägt hat, stand: kein Nichtmathematiker soll hier eintreten. Mathematik, das war für Platon die Sprache der Philosophie. Und Pythagoras hat sich auch vor allem als Philosoph und Religionsstifter gesehen und nicht als Erfinder geometrischer Lehrsätze. Über das Mittelalter bis zur Gegenwart hat man versucht, die menschliche Wirklichkeit auf die Sprache zu bringen, in der es keine Vorurteile gibt. Für Nicolaus von Cues (Cusanus) ist die Mathematik der Angelpunkt der Wahrheit: *Nihil certi habemus in nostra scientia nisi nostram mathematicam* – nichts ist sicher in unserem Wissen als unsere Mathematik. Auch Galileix verlangt die Anerkennung der Mathematik als den Weg wahrer Erkenntnis. »Die Philosophie ist in dem großen Buch der

Natur geschrieben, das uns immer vor Augen liegt, das aber niemand zu lesen vermag, es sei denn, daß er zuvor die Chiffren, in denen es verfaßt ist, d. h. die mathematischen Figuren und deren notwendige Verknüpfung zu verstehen gelernt hat.« In diesen der Mathematik zugänglichen Bereich einer allgemeinen und umfassenden Natur will auch Spinoza den Menschen einbeziehen, vor allem in dem großangelegten Hauptwerk »Die Ethik, nach geometrischer Methode dargestellt«. Im Anhang zum ersten Teil sagte er: »Die Wahrheit wäre dem menschlichen Geschlechte ewig verborgen geblieben, wenn nicht die Mathematik ... den Menschen ein anderes Richtmaß der Wahrheit gezeigt hätte.«

Dieses Richtmaß der Wahrheit gilt aber offenbar nicht im zwischenmenschlichen Bereich, ist hier nicht anzuwenden. Was hier geschieht, ist für die Mathematik keine »Sache«. Hier gibt es keine Rechnungen, die aufgehen wie: zwei und zwei ist vier. Damit, so scheint es, ist dem Vorurteil Tür und Tor geöffnet. Sein eigentliches Feld ist der soziale Bereich, in dem ein Wissen, das in der Mathematik ihr Ideal sieht, nicht mehr »greift«. Diese Vorurteile beziehen sich auf Menschen in ihrer gesellschaftlichen Bestimmtheit, nicht auf den abstrakten Begriff Mensch und auch nicht auf das unmittelbare Individuum. Vorurteile sehen den einzelnen Menschen in sozialen Beziehungen, in denen er tatsächlich steht oder die ihm angesonnen werden.

Es kann sein, daß ich über einen einzelnen Menschen eine falsche Meinung habe, über ihn falsch urteile. Beispiel: Inge wird nie eine gute Autofahrerin. Warum? So wie ich Inge kenne, ist sie viel zu nervös dazu. Das mag durchaus ein falsches Urteil sein, aber ein Vorurteil im eigentlichen Sinne ist es nicht. Ein vor-eiliges, ein vor-läufiges Urteil wohl: So wie ich Inge kenne... Der Erfahrungsspielraum bleibt offen. Und eines Tages kann es heißen: Das hätte ich der Inge aber nicht zugetraut. Die fährt ja ganz ausgezeichnet!

Vorurteile stehen in einem anderen Zusammenhang. Beispiel: Inge wird nie eine gute Autofahrerin. Warum? Weil sie eine Frau ist. Oder: Inge wird nie eine gute Autofahrerin! Warum? Weil sie eine Offenbacherin ist. Hast du schon mal einen Offenbacher gesehen, der Autofahren kann? – Hier ist das Individuum festgelegt auf eine Gruppe, und zwar auf eine Gruppe, bei der es keine Änderungen mehr gibt. Frauen können nicht Auto fahren, weil – es eben Frauen sind! Das ist nicht nur ein falsches, sondern ein unveränderliches Urteil, und es fällt auf Inge zurück. Die mag sich jetzt noch so anstrengen. Da wird es eben heißen: Siehst du, wie ängstlich sie fährt? Eine Frau kann eben nicht Auto fahren. Oder: Siehst du, wie waghalsig sie fährt? Eine Frau kann eben nicht Auto fahren. Oder höchstens: Die fährt wie ein Mann. Und eben das ist auch ein Vorurteil gegen Inge – als Frau.

Soziale Vorurteile beziehen das Individuum auf Gruppen. Sie bestimmen den einzelnen Menschen als Angehörigen von Gruppen, von Rassen von Völkern, von Religionen und Weltanschauungen. Oder sie beziehen sich überhaupt auf Gruppen: auf *die* Juden, *die* Neger, *die* Kommunisten, *die* Kapitalisten. Diese Gruppen gibt es nicht so, wie die sozialen Vorurteile sie annehmen. Was ein Jude ist, ist außerordentlich schwer zu bestimmen: Wer in Israel lebt, wer die jüdische Religion hat? Ein Atheist, der nicht Zionist ist und in Deutschland lebt, kann auch Jude sein. Eine Rasse? Die Araber sind aber auch Semiten. Nur der Antisemit weiß genau, was die Juden sind. Er bestimmt sie. Dieses Bestimmen ist in hohem Maße ein Erfinden. Die Neger als einheitliche Gruppe sind mehr erfunden, als sie es wirklich gibt.

Soziale Vorurteile sind also die Zuordnung anderer zu Gruppen. Diese Zuordnung schließt ein, daß man damit auch sich selbst zuordnet. Wer sagt denn, daß eine Frau nicht Auto fahren kann? Ein Mann. Und als Mann gibt die Aussage für ihn auch einen Sinn. Er gehört »von Natur aus« nicht zu den Menschen, die wiederum »von Natur aus« nicht Auto fahren können. Und: das Vorurteil, ein Offenbacher könne nicht Auto fahren, hat nur einen »Sinn« für einen Frankfurter. Er hat etwas davon, wenn er etwas Schlechtes über die Offenbacher sagen kann. So hängt auch das, was ein Hamburger über die Bremer sagt, ein Deutscher über die Polen, ein Weißer über die Schwarzen, davon ab, daß es ein Hamburger sagt, ein Deutscher, ein Weißer.

Grenzen der Toleranz

Wenn Urteile im sozialen Bereich, von Menschen über Menschen als Angehörige von Gruppen und über Gruppen, derart mit eigenen subjektiven Prozessen sozialen Verhaltens zusammengehen, wie ist dann überhaupt ein Anspruch von der Absolutheit aufrechtzuerhalten, wie er im Bereich von Natur gilt? Daß eine absolute Wahrheit unter einen Bann stellen, daß sie lähmen kann, daß sie Anteile von Wahrheit in ihr Gegenteil umkehren kann, das ist eine Erfahrung, die wir im menschlichen Bereich machen. Hier geht es offenbar mehr darum, Wahrheit zu suchen, als sich nach einer Wahrheit richten zu müssen. So hat es auch Lessing ausgedrückt, als er sagte, wenn er vor die Wahl gestellt würde zwischen der Wahrheit und dem Streben nach der Wahrheit, dann würde er das Streben nach der Wahrheit wählen, auch um den Preis, dabei immer wieder zu irren. Menschliche Wirklichkeit, das ist ein Prozeß des Bewußtseins, das sich von Naturzwängen fortentwickelt in einen Bereich

der Offenheit von Wahrheit. Wahrheit als Zwang, als etwas, das sich nicht verändert, das sind im sozialen Bereich Vorurteile. Die Ermöglichung des Prozesses von Wahrheit setzt im sozialen Bereich ein besonderes Verhalten voraus: Toleranz. Die Durchsetzung von Toleranz gegenüber dem Vorurteil als Intoleranz ist die Ermöglichung menschlicher Individualität. Toleranz ist Ausdruck des Gelingens von Aufklärung.
Aufklärung ist am Beginn der Neuzeit besonders im religiösen Bereich wirksam geworden. Das Toleranzangebot kann am Beispiel der Ringparabel bewußt gemacht werden. In dieser Parabel Lessings hat die Forderung nach Toleranz im Bereich der Deutschen Aufklärung ihre bekannteste Formulierung gefunden. In der Quelle zu »Nathan der Weise«, einer Novelle aus dem »Decamerone« des Boccaccio, entgeht durch die Geschichte von den drei Ringen ein Jude einer verfänglichen Frage, die ihm nicht um der Wahrheit willen gestellt wurde, sondern um einen Vorwand für ein geplantes Unrecht zu erhalten. Bei Lessing steht jene Episode in einem anderen Zusammenhang. Nicht so sehr List legt dem Sultan die Frage in den Mund, sondern die Frage nach der Wahrheit ist im Ernst gestellt. Bei Boccaccio läßt der Vater zu seinem echten Ring zwei weitere anfertigen, die diesem völlig gleichen, so daß man die Ringe nicht unterscheiden kann, wenn auch kein Zweifel besteht, daß einer echt ist. Auch bei Lessing tut dies der Vater.

Er sendet insgeheim zu einem Künstler, bei dem er nach dem Muster seines Ringes zwei andere bestellt und weder Kosten noch Mühe sparen heißt, sie jenem gleich, vollkommen gleich zu machen (Lessing, Nathan der Weise, III 7).

In der Novelle werden echter Ring und unechte Ringe, Wahrheit und Schein, als Tatsache hingenommen. Bei Lessing ist jede Wahrheit negiert, die sich den Anspruch der erkennenden Vernunft nicht zu stellen bereit ist. Deshalb kann auch der Richter die Behauptung aufstellen, alle Ringe seien unecht.

... Eure Ringe sind alle drei nicht echt. Der echte Ring vermutlich ging verloren. Den Verlust zu bergen, zu ersetzen, ließ der Vater die drei für einen machen (Lessing, a. a. O.).

Lessing stellt die Offenbarungsreligionen unter das Kriterium der Vernunfterkenntnis.
Freilich unterscheidet Lessing die subjektive Vernunft von der objektiven, die sich im echten Ring manifestiert. Es ist nicht so, daß jeder Sohn durch sein Streben allein aus jedem Ring den echten machen kann. Wohl aber wird der Besitzer des echten Ringes diesen nie als echten Ring erkennen, wenn er sich nicht um die Wahrheit bemüht. Die drei Söhne, die drei Weltreligionen, liegen untereinander im Streit. Aber gerade

dadurch verschütten sie die ihnen in einem der Ringe gegebene Wahrheit. Nur durch Toleranz, nur dadurch, daß jeder im Vertrauen auf seinen Ring nach der Wahrheit strebt und die anderen streben läßt, ist die in einem der Ringe gegebene Wahrheit zu verwirklichen.
Der Toleranzgedanke der Aufklärung, der in seiner ganzen Tiefe nur einen kleinen Kreis von Menschen umfaßte, erhält in seiner breiten Ausformung den betonten Akzent romantisch-subjektiver Erlebnisse. Das Wesen der Toleranz wird nun weitgehend dahin verstanden, den anderen Menschen in Ruhe zu lassen und ihn nicht zu beeinflussen. So etwa drückte es auch Goethe aus in seinem Brief an Lavater:

Großen Dank verdient die Natur, daß sie in die Existenz eines jeden lebendigen Wesens auch so viel Heilungskraft gelegt hat, daß es sich, wenn es an dem einen oder dem anderen Ende zerrissen wird, selbst wieder zusammenflicken kann, und was sind die tausendfältigen Religionen anders als tausendfache Äußerungen dieser Heilungskraft. Mein Pflaster schlägt bei dir nicht an, deins nicht bei mir, in unseres Vaters Apotheke sind viele Rezepte. So habe ich auf deinen Brief nichts zu antworten, nichts zu widerlegen, aber dagegen zu stellen habe ich vieles. Wir sollten einmal unsere Glaubensbekenntnisse in zwei Kolumnen nebeneinandersetzen und darauf einen Friedens- und Toleranzbund errichten (Goethe, Briefe an Lavater, Brief vom 4. Oktober 1782).

Jetzt fällt in der Ringparabel die Frage der Echtheit fort. Es gibt Echtheit für alle, die religiöse Wahrheit ist für jeden anders, die Wahrheit des einen nutzt dem anderen nicht, sie schadet ihm auch nicht. Nun bestimmt sich Toleranz als die resignierende Konsequenz der Unerkennbarkeit der Wahrheit, die über die Subjektivität des Menschen hinausreicht. Weil es keine Wahrheit gibt, die das Besondere des Menschen aufhebt, wird der andere in seiner Besonderheit gleichgültig.
Das Toleranzverständnis der Aufklärung hat die Intoleranz nicht überwunden. Im Denken der Aufklärung überwindet die Vernunft zwar den Tyrannen, der sie an ihrer Entfaltung hindert, aber sie selbst unterliegt weiterhin dem Bann, den sie objektiv abgeschafft hat. Deshalb kann die Aufklärungstoleranz jederzeit umschlagen in Intoleranz. Darum wird das hier besonders an der deutschen Aufklärung sich zeigende Verständnis von Toleranz zur Toleranz der Intoleranz. Oberflächlich ist das Besondere, die Individualität toleriert, aber es bleibt in diesem Sinne von Toleranz gleichgültig, es vermittelt nicht die Wahrheit, es bleibt in sich befangen. Damit kehrt sich die Aufklärungstoleranz gegen das, was sie ursprünglich vertritt: die Entfaltung des in sich differenzierten Subjekts.
Die hier genannten Tendenzen der Aufklärung tragen die Spannung von subjektiver und objektiver Vernunft nicht aus. Der Gedanke eines

friedlichen, unverbindlichen Strebens nebeneinander, unvermittelt und beziehungslos, ist eine Fiktion. Wenn sich die bürgerliche Gesellschaft, die sich in der Aufklärung herausbildet, so versteht, daß sich jede Individualität, jede Besonderheit in ihr voll entfalten kann, daß in ihr jeder nach seiner Façon leben kann, so ist dies eine Täuschung. Tatsächlich kann sich das Individuelle nur so weit entfalten, als es dem Bewußtsein der Gesellschaft entspricht, als es nicht im Widerspruch steht zum Bild der Gesellschaft. Was dieses Bild verändern würde, steht außerhalb der Toleranz. Das Besondere verliert die Verbindung zum Allgemeinen, es wird gleichgültig, seiner »Entfaltung« steht nichts im Wege, solange es sich nicht gegen die »Ordnung«, gegen die »Wahrheit« der Gesellschaft kehrt, die Toleranz verkündet. So schließt die bürgerliche Toleranz die volle, wahre Verwirklichung der Toleranz aus. Die Toleranz der Aufklärung gewinnt nur einen gewissen Spielraum innerhalb einer festen Ordnung gesellschaftlicher Verhältnisse.
Der Toleranzgedanke, der nicht zum Durchbruch kommt, entfaltet sich als eine private Haltung. Besonderheit ist in einer bestimmten Variationsbreite erlaubt. Diese Besonderheit als fehlerhafte Abweichung vom Allgemeinen ist grundsätzlich negativ verstanden, sie wird geduldet, sobald sie im Blick auf das Allgemeine unwesentlich, gleichgültig ist. Die Gleichgültigkeit, nicht die Wahrheit der Besonderheit wird zum Kriterium der Toleranz. Das Besondere erscheint als unvermeidliche Abweichung im Ausdruck des Allgemeinen. Soweit die Abweichung immer noch vom Allgemeinen beherrscht bleibt, wird sie geduldet.
Hier wird ein Denken leitend, das in der technischen Produktion entscheidend ist. In der Technik geht die Norm, das Muster, der Produktion voraus. Ziel ist die Identifikation, die Austauschbarkeit des Musters mit dem jeweiligen Einzelgegenstand, also etwa die völlige Austauschbarkeit aller nach einem Muster hergestellten Ringe untereinander und mit dem Musterring selbst, so daß jeder Ring auch als Musterring gelten kann. Aber diese Angleichung ist nicht ganz möglich. Alle nach einer Norm, nach einem Muster hergestellten Gegenstände erreichen dieses Vorbild nie ganz und haben untereinander gewisse Abweichungen und Unterschiede, die aber belanglos sind für den Verwendungszweck des Gegenstandes, wenn sie einen bestimmten Spielraum der Abweichung nicht überschreiten. Dieser Spielraum heißt in der Technik Toleranz. So gilt schließlich auch unter den Menschen Toleranz als der Grundsatz, daß bis zu einem bestimmten Grade oder auch grundsätzlich jede Abweichung unter den Menschen und ihrem Verhalten und Denken belanglos oder gleichgültig ist. Die Breite der Toleranz unterliegt der Norm der Gesellschaft. Je eher sich die Gesellschaft bedroht sieht, um so schmaler ist der Bereich der Toleranz.

Immer aber wird Toleranz als etwas »Großzügiges« gesehen, als eine Art Luxus, als Zeichen der Stärke, der Sicherheit, die man aber immer nur in einem bestimmten Maß in Gefahr bringen darf.

Innerhalb einer gegebenen Gesellschaftsordnung, eines gegebenen Bewußtseins gebärdet sich Toleranz großzügig, wenn nur die Bedingung der Unterwerfung unter die Gesellschaft, die Bedingung der Erhaltung des gegebenen Zustandes erfüllt ist. Tatsächlich aber ist diese Toleranz nicht unverbindliche Großzügigkeit, sondern die Bedingung zur Erhaltung der Fiktion von der Wahrheit des bestehenden Zustandes. Toleranz ist Übersehen der Besonderheit, Angleichung vor dem Verstehen, abwehrendes Verstehen auf ein Allgemeines hin, in dem das Besondere übersprungen ist. Die »Nachsicht« dieser Toleranz ist in Wirklichkeit Blindheit für das Besondere. Wo dieses Absehen vom Besonderen nicht möglich ist, die Unterdrückung durch Angleichung nicht gelingt, schlägt die Toleranz in Intoleranz um. Wenn die Angleichung des Besonderen an die Herrschaft nicht gelingt, wird die offene Intoleranz ausbrechen; diese Funktion hatte beispielsweise die These, der arische Mensch sei das Ebenbild Gottes.

Aber auch ohne den Umschlag in die Intoleranz hat die Toleranz, die Indifferenz bedeutet, den Charakter der Ablehnung. Goethe drückt das in seinen Maximen und Reflexionen so aus: Dulden heißt beleidigen. Das Toleranzverständnis, das die Andersartigkeit überspringt, also nicht anerkennt, das Gleichheit in einer Dimension erzwingt, in der es die Gleichheit nicht gibt, das den anderen zum Bruder macht, indem es ihn angleicht, ist aufgeweicht. Toleranz und Intoleranz als Geschmacksache, Privatsache, entspringen einer Haltung, die Toleranz nie verwirklicht hat, in der Toleranz nur graduell unterschieden ist von der Intoleranz. Dadurch, daß die Intoleranz als »private« Angelegenheit erscheint, ist sie freilich nicht ungefährlicher geworden. Diese Privatheit führt heute jede Besinnung auf Toleranz in Aporie. Entweder wird Toleranz als kalte Gleichgültigkeit erfahren, die den anderen sich selbst überläßt, die vom anderen nichts erwartet und ihm daher auch nichts zu geben bereit ist, oder der Begriff Brüderlichkeit will den anderen nicht als einen sehen, der etwas Eigenes hat. Wir wollen oft etwas übersehen, wenn wir Brüderlichkeit sagen. Und über alles hinweg spüren wir, wie gerade die befreiende Toleranz der Aufklärung jenen Keim der tragischen Entwicklung in sich trägt, die zur Auflösung der ursprünglichen Toleranzidee führt.

Seltsam; jene Säkularisierung des Denkens, die den Juden den Eintritt in die Kultur der Umwelt ermöglicht oder erleichtert hat, trug schließlich auch dazu bei, den Durchbruch der Barbarei zu fördern, die das deutsche und europäische Judentum nahezu vernichtet hat (*Leschnitzer* 1954, S. 146).

Herbert Marcuse nennt die scheinbare, unverbindliche Toleranz eine »repressive Toleranz«, weil sie Wahrheit unterdrückt, weil sie den Menschen an Unwahrheit angleicht, weil sie Toleranz um ihr Ziel bringt. »Das Telos der Toleranz ist Wahrheit« (*Marcuse* 1966, S. 102). Wahrheit, die Macht hat, unterdrückt unter dem Vorwand von Toleranz Wahrheit, die keine Macht hat, und wird dadurch zur Intoleranz; das ist der Vorwurf von Marcuse. Die Gesellschaft führt sich auf als pluralistisch, aber sie negiert dabei den Anspruch auf Wahrheit, sie hat den Telos, das Ziel der Toleranz aufgegeben. Toleranz wird manipuliert.

In der Überflußgesellschaft herrscht Diskussion im Überfluß, und im etablierten Rahmen ist sie weitgehend tolerant. Alle Standpunkte lassen sich vernehmen: der Kommunist und der Faschist, der Linke und der Rechte, der Weiße und der Neger, die Kreuzzügler für Aufrüstung und die für Abrüstung. Ferner wird bei Debatten in den Massenmedien die dumme Meinung mit demselben Respekt behandelt wie die intelligente, der Ununterrichtete darf ebenso lange reden wie der Unterrichtete, und Propaganda geht einher mit Erziehung, Wahrheit mit Falschheit. Diese reine Toleranz von Sinn und Unsinn wird durch das demokratische Argument gerechtfertigt, daß niemand, ob Gruppe oder Individuum, im Besitz der Wahrheit und imstande wäre zu bestimmen, was Recht und Unrecht ist, gut und schlecht (*Marcuse* 1966 S. 105/106).

Die Reflexion über Toleranz und Intoleranz führt in die allgemeine Problematik zur Frage nach der objektiven Wahrheit und dem wahren und falschen Bewußtsein von Menschen und Gruppen. Dabei treten die Frage von Macht und Gewalt in der Gesellschaft als ein soziologisches Problem und die Frage des toleranten Menschen als ein psychologisches Problem auseinander. Die Frage der Toleranz ist zu lösen als das Phänomen der Intoleranz. Wenn Toleranz als »das Böse, das man läßt,« hervortritt, dann ist dieses Böse direkt angesprochen mit »Vorurteil«. Intoleranz steht im gleichen Bedeutungsfeld wie Vorurteilshaftigkeit. Es wird im folgenden zu fragen sein nach den verschiedenen Bezeichnungen in diesem Umfeld, nach der Definition von Vorurteilshaftigkeit und danach, wie weit diese trägt.

Syndrome als Definition

Die Phänomene, für die das Wort »Vorurteile« am geläufigsten ist, sind schwer auf den Begriff zu bringen. Das ist schon daran zu erkennen, daß »Vorurteil« verschiedenes bedeuten kann. Zum einen kann damit ein vorläufiges Urteil gemeint sein, ein Urteil, mit dem man sich erst einmal orientiert und das man sozusagen zur Diskussion stellt. Zum anderen kann es auch um ein Voraus-Urteil gehen, ein Urteil, das bereits vorliegt und dessen man sich bedient. Schließlich kann Vorurteil auch bedeuten, daß hier etwas vor einem möglichen und zutreffenden Urteil geschieht oder liegt, was es verhindert, dazu zu kommen, eine Barriere, eine Blockierung. Die Ungenauigkeit des Wortes Vorurteil ist auch daran zu erkennen, daß noch eine Reihe anderer Wörter und Bezeichnungen im Angebot sind und gebraucht werden.

Neben dem mehrdeutigen Begriff Vorurteil, der am weitesten umgangssprachlich verbreitet und als der allgemeinste anzusprechen ist, gibt es eine Reihe anderer Begriffe, die vor allem in der Absicht einer klareren Bestimmung in wissenschaftlicher Absicht gewählt wurden, freilich um den Preis einer Reduktion des Komplexes, der mit dem Begriff Vorurteil angesprochen ist. Das ist in dem Maße problematisch, in dem nicht geklärt ist, welches primäre und sekundäre Aspekte und Faktoren des Vorurteils sind, worauf sich also Begriff und Definition zu konzentrieren haben.

In einer relativ deutlichen Abgrenzung zum Begriff Vorurteil steht der Begriff Stereotyp, benutzt als »das Stereotyp« oder »die Stereotype«, der vor allem im wissenschaftlichen Gebrauch Bedeutung gewonnen hat. Der Begriff ist aus dem Druckereiwesen entlehnt. Hier bezeichnet Stereotype die bereits ausgegossene Druckform nach dem Umbruch, an der nichts mehr geändert werden kann, also keine Fehler korrigiert, keine Kürzungen und Zusätze mehr vorgenommen werden können. Ähnlich steht es auch mit dem Begriff Klischee. Damit wird eine Bildplatte bezeichnet, die fertig und unveränderbar ist und von der dann zahllose, völlig gleiche Abdrucke gemacht werden können. Stereotyp und Klischee, dieses oft in der Wortverbindung Klischeedenken, werden in Abhebung zu »Vorurteil« benutzt, um die Starrheit und Unveränderbarkeit, das vorherige Festgelegtsein und das »abgestempelte« Übertragen von Urteilen in den Vordergrund zu stellen gegenüber den stärker emotionalen Komponenten, die sich mit »Vorurteil« verbinden.

Einen anderen Akzent des Bewußtseins setzen die Bezeichnungen Attitüden oder das englische *attitudes,* beide nach dem lateinischen *attitudo.* Hier sind Einstellungen und Verhaltensweisen angesprochen, die eingefahren und eingerastet sind und ohne bewußte Steuerung und Kontrolle ablaufen, die zum Habitus eines Menschen gehören können, also verinnerlicht sind.

Eine andere, vor allem in den USA verbreitete Bezeichnung, ist Attribution. Hier ist eine Neigung gemeint, die zwar allgemein mit Wahrnehmung und Erkenntnis einhergeht, aber auch zwanghaften Charakter annehmen kann: zugleich mit der Wahrnehmung Eigenschaften, Wertungen »zuzuteilen« und zu projizieren, und diese wertenden

Zuteilungen als objektive Tatsachen zu behandeln. Solche Attributionen erfolgen, wenn ich formale Begriffe wertend ausstatte und sie ohne differenzierende Erfahrung konkret anwende: der faule Neger, der geizige Jude, das böse Kind...

Das Nebeneinander verschiedener Begriffe zeigt die Unsicherheit einer klaren Erfassung des Phänomens Vorurteil. Diese Unsicherheit setzt sich auch in der Schwierigkeit fort, den Begriff oder die Begriffe für Vorurteil in einer Definition festzulegen und zu sichern. Es gibt zahlreiche Definitionen, Erklärungen und Bestimmungen für Vorurteile, die sich nicht völlig widersprechen, sondern teilweise einander ziemlich ähnlich sind, aber doch Unterschiede machen in der Gewichtung und Reihenfolge, in dem, was dazu gehört als wesentlich und was zurücktreten kann als nebensächlich.

Die vielen Kennzeichen des Vorurteils sind nicht in einen festen Zusammenhang zu bringen, das Bestimmende ist nicht vom Nebensächlichen zu trennen. Man kann deshalb nicht von festen Kausalbeziehungen der Charakteristika sprechen. Das Vorurteil erscheint als ein Syndrom verschiedenster Faktoren, ein Zusammenkommen, ein Zusammenlaufen, das schwer zu durchschauen und zu analysieren ist. Das Vorurteilssyndrom kann verglichen werden mit einem Krankheitssyndrom, von dem die Ärzte dann sprechen, wenn ein Krankheitsbild widersprüchliche Züge hat und nicht einfach nach Ursachen und Wirkungen erklärt werden kann.

So kann man den Horizont des Syndroms Vorurteil abstecken mit folgenden Charakteristika, die offenbar bedeutsam sind, ohne daß ihre Zusammenhänge eindeutig bestimmt werden können. Dabei tritt für die Definitionsebene folgendes hervor:

Bei Vorurteilen handelt es sich nicht nur um kognitive Urteile, die der Vernunft unterliegen, sondern um emotionale und wertende Urteile, um Einstellungen und Verhaltensbereitschaften. Es ist offen, ob es sich bei den Wertungen nur um negative oder auch um positive handeln kann, d. h. ob es nur negative oder auch positive Vorurteile gibt.

Bei Vorurteilen fällt die Starrheit des Urteils auf. Es sind Urteile, die wesentlich nicht auf Erfahrung gegründet sind und nicht durch Erfahrungen korrigiert werden. Sie wehren sich gegen Wirklichkeit oder verfälschen sie. Kennzeichnend für ein Vorurteil ist seine Grobrastrigkeit. Es ist ein sehr einfaches Urteilsschema, das einem Schwarz-Weiß-Muster gleicht. Differenzen und Unterschiede sowie Wandel und Veränderungen werden nicht gesehen.

Vorurteile stehen im Zusammenhang mit der Befindlichkeit derer, die Vorurteile haben und mit ihren Beziehungen zu ihrer Umwelt.

Danach und nach anderen Auffälligkeiten lassen sich verschiedene

Definitionen entwickeln. Hier sollen zwei Definitionen einander gegenübergestellt werden.
In komprimierter Form definiert Earl Davis in einem Beitrag eines Nachschlagewerkes:

> Vorurteile sind negative oder ablehnende Einstellungen einem Menschen oder einer Menschengruppe gegenüber, wobei dieser Gruppe infolge stereotyper Vorstellungen bestimmte Eigenschaften von vornherein zugeschrieben werden, die sich auf Grund von Starrheit und gefühlsmäßiger Ladung, selbst bei widersprechender Erfahrung, schwer korrigieren lassen (*Davis* 1964, S. 53).

Willy Strzelewicz beschreibt das Vorurteil in einem Fachbuch zum Thema Bildungsbarriere in folgender Weise:

> 1.) Das Vorurteil ist immer ein falsches oder in seinem Wahrheitsanspruch zureichend abgewiesenes Urteil. 2.) Das Vorurteil ist ein voreiliges, d. h. überhaupt nicht oder nur ungenügend durch Reflexion oder Erfahrung gestütztes oder auch vor aller solcher Erfahrung und Reflexion aufgestelltes Urteil, das sich bei Überprüfung durch die Erfahrung oder Reflexion so jedenfalls nicht aufrecht erhalten läßt, wie es ausgesprochen wird. 3.) In seiner Voreiligkeit und Falschheit ist das Vorurteil aber zumeist auch ein generalisierendes, und zwar voreilig generalisierendes Urteil, das aus einem oder einigen Fällen, womöglich unter Zuhilfenahme von umfassenden, aber ungenügend gestützten Theorien auf das Allgemeine schließt. 4.) Das Vorurteil hat häufig den stereotypen Charakter eines Klischees, das immer leicht zur Hand ist und meistens in apodiktischer Weise formuliert oder vorgetragen wird. 5.) Das Vorurteil enthält neben beschreibenden oder theoretischen erklärenden Aussagen direkt oder indirekt auch richtende Bewertungen von Menschen, Gruppen oder Sachverhalten oder steht mit solchen Bewertungen positiver oder negativer Art zumindest in Verbindung. Diese Verbindung ist so geartet, daß die theoretisch aussagende Form der Rechtfertigung bestimmter Wertungen dienlich erscheint (*Strzelewicz* 1970, S. 21).

Beim Versuch einer Definition ergibt sich die Erfahrung, daß zahlreiche Definitionen möglich sind, die sich nicht widersprechen oder einander ausschließen, sondern nur unterschiedlich gewichten. Die unterschiedliche Gewichtung ist so lange willkürlich, so lange sie nicht aus einer Theorie hervorgeht. Ohne den Zusammenhang mit einer Theorie ist die Vorurteilsdefinition ein Arrangement von Gesichtspunkten, von denen die wichtigsten folgende sind: Starrheit des Urteils, Insistenz gegen Wirklichkeit und Erfahrung, das Hervortreten von Emotionen und Wertungen, Projektionen, affirmative Verallgemeinerungen.

bejahend

Zusammenhang mit einer Theorie ist notwendig

Kapitel 7: Überlebensstrategien geschädigter Identität: Die autoritäre Persönlichkeit

Orientierung

Die Theoriebildung in der Vorurteilsforschung steht unter dem drängenden Anspruch, Anleitungen und Rezepte für die Überwindung von Vorurteilen geben zu müssen. Das führt zur Gefahr verkürzter und naiver Theoriebildung. Im Abschnitt »Theorien sind noch keine Antwort« wird an der verbreiteten Sündenbocktheorie deutlich, daß wichtige Phänomene wie das der Übertragung und Projektion beim Fehlen des vermittelnden und determinierenden Zusammenhanges nur noch den Charakter eines klugen Einfalles haben. Die verschiedensten Erklärungen sind gleichwertig und deshalb willkürlich möglich und schwanken zwischen Vorurteilsobjekt und -subjekt als »Grund« für Vorurteile.

Als ernstzunehmende Theorie, die Antwort gibt auf die Frage nach Genese und Geltung von Vorurteilen, wird im Abschnitt »Schädigungsprozesse der Sozialisation: Ich-Schwäche« die Theorie der autoritären Persönlichkeit dargestellt. Ausgehend vom Interesse, das diese Theorie leitet, wird über den methodischen Ansatz einschließlich der psychologischen Typen informiert. Der Prozeß schädigender Sozialisation wird nach Adorno psychoanalytisch skizziert und an Beispielen veranschaulicht.

Nachdem die Entstehung der Anfälligkeit für Vorurteile erklärt ist, geht der Abschnitt »Die autoritäre Persönlichkeit: Vorurteil als Fluchtverhalten und Überlebensstrategie« auf die Funktion von Vorurteilen ein. Vorurteile sollen das Überleben des Ich-Schwachen in seiner sozialen Umwelt sichern, indem er seinen Selbsthaß durch Projektion von Aggression auf Fremdgruppen abschwächt. Zugleich gewährt das Vorurteil durch grobe Vereinfachung und Stereotypie eine scheinbare Sicherheit der Orientierung, die freilich tatsächlich auf eine zunehmende geistige Verarmung und Verstärkung des Wahncharakters von vorurteilshaftem Bewußtsein hinausläuft.

Theorien erweisen sich oft weniger als Wege zur Praxis, sondern als Umwege. Das Ziel, der Praxis zu dienen, rückt immer mehr in den Hintergrund, die Theorie bekommt ein eigenes Gewicht. Sie hat es vorwiegend damit zu tun, sich mit anderen Theorien auseinanderzusetzen und sich vor ihnen zu behaupten. Für die Praxis ist sie dabei kaum zu handhaben und gibt wenig her an klaren Orientierungen und Anweisungen. Klagen über die Praxisferne von Theorien sind allgemein verbreitet. Beim Vorurteil ist es eher umgekehrt. Hier gibt es mehr Anleitungen zur Praxis als Theorien. Und viele Theorien sind auffallend kurz und bündig.

Das liegt daran, daß trotz ihrer Verbreitung Vorurteile von niemandem verteidigt werden, daß sie als belastend, schädlich und gefährlich auffallen, und daß man wissen will: was kann man dagegen tun. Je mehr man Vorurteile in ihrer gefährlichen Aktualität erfährt, desto brennender wird die Frage, wie sie zu überwinden sind. Da erscheint die kurze und klare Anleitung die beste.
Daß man sich nicht intensiv bei der Entfaltung von Theorie aufhält, liegt auch daran, daß das Phänomen Vorurteil offenbar ein fruchtloses Feld ist für weitreichende und erfolgreiche Theorien. Die Wörter und Begriffe haben wenig theoriestiftende und theorietragende Bedeutung, worauf bereits hingewiesen wurde, ebenso darauf, daß die zu beobachtenden Phänomene sich nicht leicht in Zusammenhänge bringen lassen und eigentlich mehr als Syndrome anzusprechen sind. Infolgedessen fallen auch die Definitionen reichlich formal aus. So ist es nicht verwunderlich, wenn soziale Vorurteile erst spät ein Thema der Forschung wurden. Peter Heintz weist in seinem Buch »Soziale Vorurteile« (Köln 1957) darauf hin, daß es in der großen amerikanischen Encyclopaedia of the Social Sciences, die 1931–1935 erschien, noch keinen Artikel »Prejudice« gibt, und daß ein Artikel über das Vorurteil auch noch in dem 1955 abgeschlossenen deutschen »Wörterbuch der Soziologie« fehlt, während der im Zusammenhang mit der Vorurteilsforschung wichtige Begriff des Ethnocentrismus auf William Graham Sumner zurückgeht, der ihn erstmals in seinem bekannten Werk »Folkways« 1907 entwickelt.

Theorien sind noch keine Antwort

Im Vorwort zu den ersten umfassenden Untersuchungen über Vorurteile, im Band über die Authoritarian Personality, sagt Max Horkheimer: Vorurteile sind eine Sache, zu der jeder eine Theorie, aber niemand eine Antwort hat. Er meint damit, daß es offenbar leicht ist, hier Theorien anzubieten, die den Charakter von Einfällen und Meinungen haben und die man konkret illustriert, um dann sogleich praktische Folgerungen anzuschließen. Solche Theorien haben oft einen guten »Aufhänger«, sie lassen sich nicht auf weiterreichende Auseinandersetzungen ein, verkürzen das Phänomen auf einen als zentral gesehenen Punkt und sind auch in den Folgerungen eindeutig.
Ein Beispiel für die »Machart« solcher Theorien ist die bekannte Sündenbock-Theorie, die wohl die weiteste Verbreitung gefunden hat. Die Bezeichnung ist anschaulich und geht zurück auf ein religiöses Ritual in Israel. Dabei wurden auf einen Bock die Sünden des ganzen Volkes und

Stammes übertragen, sie wurden ihm auferlegt, und dann wurde er in die Wüste hinausgejagt. Man glaubte, auf diese Weise eigene Fehler und eigene Schuld loswerden zu können. In der Tat ist die Neigung sehr verbreitet, Schuld, Enttäuschung, Ärger, Versagen nicht bei sich selbst begründet zu sehen, sondern auf die Fehler anderer zu schieben. Das ist schon bei kleinen Kindern so, die »du böser Tisch« sagen und ihn schlagen, weil sie sich an ihm gestoßen haben. Davon kündet das Gedicht vom »bucklicht Männlein«, das an allem schuldig genannt wird, was das Kind anstellt. Und auch die Erwachsenen suchen privat und öffentlich immer nach Schuldigen, an die sie ihre eigenen Fehler loswerden können. Im Wirtschaftsleben und in der Politik kann man geradezu davon ausgehen, daß diejenigen, die als »Schuldige« herausgestellt und bestraft werden, gewöhnlich nicht die wahren Schuldigen sind, sondern an ihnen nur schließlich alles »hängenbleibt«, weil sie es nicht weiter auf andere schieben und abladen können. Für den Verlauf eines Projektes gibt es eine lustige Beschreibung mit ernstem Hintergrund. Danach ergeben sich folgende Phasen: 1. Begeisterung, 2. Ernüchterung, 3. Verzweiflung, 4. Suche nach dem Schuldigen, 5. Bestrafung der Unschuldigen, 6. Belohnung der Unbeteiligten.

Mit der Sündenbocktheorie ist also durchaus etwas Wichtiges angesprochen: die Neigung zur Projektion, zur Übertragung. Das wird aber nicht weiter hinterfragt, sondern wie ein natürliches Verhalten oder eine allgemeine menschliche Schwäche angesprochen. Es fällt auf die einzelnen Menschen als Individuen zurück: das haben die Leute halt so an sich. Deshalb, so lautet das Rezept, soll man die Schuld zuerst einmal bei sich selbst suchen. Das ist so etwas wie der gesunde Menschenverstand, Vorurteile sind damit weder zutreffend erklärt, noch sind sie derart zu überwinden.

Die verbreiteten »Kurztheorien« haben eine Begründung und eine Antwort. Etwa: Vorurteile beruhen auf Unkenntnis und Nichtwissen. Wenn man die Menschen und Völker, die Rassen und Religionen genauer kennt, wird man keine Vorurteile gegen sie haben. Wie Goethe sagt: Wenn jedermann wüßt, wer jedermann wär, gäb jedermann jedermann jedwede Ehr. Rezept für die Vorurteilsüberwindung: Lerne die Menschen kennen, dann wirst du sie auch verstehen und achten. Auch das ist eine von den Binsenweisheiten, mit denen man beim Vorurteil gar nicht weit kommt. Hier wird angenommen, daß man Vorurteile gegen Menschen hat, weil man sie – noch – nicht kennt, wie aus einem Versäumnis heraus. Die Sperren des Nichtkennenlernen-Wollens und -Könnens werden dabei gar nicht gesehen.

Ein Vermittlungsproblem gibt es bei den einfachen Theorien nicht. Vorurteile – die liegen entweder bei den Menschen, die sie haben, oder bei denen, auf die sie sich beziehen. Bei denen, die sie haben, erscheinen Vorurteile wie eine moralische »Macke«. Es sieht so aus, daß mit gutem Zureden, mit In-sich-Gehen alles getan ist, daß dann sozusagen der Groschen fällt.

Verbreitet ist auch eine Erklärungstendenz, die davon ausgeht, daß an den Vorurteilen ja wohl etwas dran ist, daß man es aber doch nicht so übertreiben muß. Wenn man sich mit dem Antisemitismus befaßt, dann kann man leicht stutzig werden und sagen: Seit 2000 Jahren werden die Juden verfolgt, in den verschiedensten geschichtlichen Epochen, in den verschiedensten Ländern, von den verschiedensten Völkern. Das einzige, was sich gleich bleibt, das sind die Juden. Da scheint es naheliegend, festzustellen, daß sie irgend etwas an sich haben, was auf andere Menschen wie ein rotes Tuch wirkt, daß sie immer auffallen und Unwillen erregen. So ähnlich macht man es ja auch mit den ausländischen Arbeitern und ihren Familien, bei denen man davon ausgeht, daß sie sich in Deutschland auffallend und falsch benehmen, und daß sie deshalb mit schuld seien an den Vorurteilen über sie. Als »Gastarbeiter« sollten sie sich auch wie Gäste benehmen und sich an die »Sitten« hier anpassen und »bescheidener« auftreten, dann wäre das auch mit den Vorurteilen nicht so schlimm. Auch die Vorurteile gegen die Juden sind danach dadurch abzubauen, daß erstens die Juden sich nicht so »absondern« und alles vermeiden sollen, was Konflikte und Ärger hervorruft, und zweitens die Nichtjuden großzügiger und verständnisvoller reagieren sollen. Hier werden die Vorurteile den Vorurteilsobjekten angelastet.

Viele der verbreiteten Theorien sind als Alltagstheorien anzusprechen, andere als verkürzte, einseitige Ansätze. Sie blockieren oder verwirren die notwendige gründliche Auseinandersetzung. Theorien, die Elemente des Vorurteilshaften beinhalten, stiften mehr Schaden als Nutzen. Eine ernsthafte Vorurteilstheorie, die eine »Antwort« geben will, muß in vermittelnden Zusammenhängen alle wesentlichen Faktoren einbeziehen und insbesondere die Genese und Geltung von Vorurteilen erklären, d.h. die Entstehung von Vorurteilen und ihre Funktionen.

Schädigungsprozesse der Sozialisation: Ich-Schwäche

Der umfassendste Versuch einer Theorie des Vorurteils ist die Reihe »Studies in Prejudice«, die von Max Horkheimer und Samuel H. Flowerman in den USA herausgegeben wurde. 1949 und 1950 erschienen fünf Bände: Massing »Rehearal for Destruction«. Lowenthal/Guterman »Prophets of Deceit«; Bettelheim/Janowitz »Dynamics of Prejudice«; Ackerman/Jahoda »Anti-Semitism and Emotional Disorder«. Die wichtigste und bekannteste Untersuchung ist »The Authoritarian Personality« von Adorno/Frenkel-Brunswick/Levinson/Sanford. Sie ist als einzige ins Deutsche übersetzt und freilich erst 1973 in Auswahl veröffentlicht worden (*Adorno* 1973).

Auch diese empirisch angelegten Untersuchungen standen unter einem »Erfolgszwang« für die Praxis. Sie fanden während des Zweiten Weltkrieges statt und sollten Hilfen liefern, um nach dem militärischen Sieg auch die Vorurteile, deren sich der Faschismus auf so verhängnisvolle Weise bedient hat und die er zum tödlichen Haß steigerte, zu überwinden. Es waren sozusagen Vorbereitungen für eine spätere umfassende *reeducation*. (Wie dilettantisch dann diese Umerziehung war und wie wenig sie gelungen ist, das ist eine andere Sache.) Zugleich aber war eine tragfähige und handlungsrelevante Vorurteilstheorie auch ein inneramerikanisches Problem, da das amerikanische Credo der Gleichheit aller Menschen immer mehr zurücktrat hinter einer Integration, die große Gruppen wie Neger, spanische und asiatische Einwanderer ausschloß, die also weithin zu mißlingen schien und ein gefährliches Potential des Auseinanderfallens der Gesellschaft bildete, was sich ja in den späteren »Rassenunruhen« bestätigt hat. Die Vorurteils- und Aggressionspotentiale, die faschistischen Potentiale auch der amerikanischen Gesellschaft sollten analysiert werden. Für den Untersuchungsbereich der amerikanischen Gesellschaft sprach zudem, daß sie einer empirischen Untersuchung zugänglich war; die faschistischen Länder waren es während des Krieges nicht.

Als wichtigstes methodisches Mittel ist bei der Entwicklung der Theorie der autoritären Persönlichkeit der psychologische Typ gewählt worden, obwohl Adorno selbst dagegen große Bedenken hat.

Es kann nicht bezweifelt werden, daß in der Kritik an den psychologischen Typen ein echter humaner Impuls zum Ausdruck kommt. Er richtet sich gegen jede Art der Einordnung von Individuen in prästabilisierte Klassen, die im nationalsozialistischen Deutschland ihren höchsten Grad in der Etikettierung lebender menschlicher Wesen erreichte, die ungeachtet deren spezifischer Eigenschaften schließlich über Leben und Tod entschied (*Adorno* 1973, S. 305)

So drängt auch Vorurteilshaftigkeit Individualität zurück und läßt Typisierungen erkennen, wie sie schon von der Psychiatrie benutzt werden.

Die modernen psychologischen Typenlehren gingen, im Gegensatz etwa zum alten Schema der »Temperamente«, aus der Psychiatrie hervor, aus der therapeutischen Notwendigkeit, die Geisteskrankheiten zur Erleichterung von Diagnosen und Prognosen zu klassifizieren (*Adorno* 1973, S. 303).

Die Aufstellung von Typen ist also weder der Versuch, das »innere Wesen« von Menschen anzusprechen, noch das Bemühen, in der Art des Idealtypes nach Max Weber Wirklichkeit konstruierend zu verdichten, sondern ein Mittel, auf Phänomene der Schädigung abzuheben und aufzuzeigen, was den Individuen angetan wurde. Adorno nennt folgende Kriterien des Gebrauchs von Typen für die Untersuchung.

a) Wir wollen menschliche Wesen weder nach Gruppen sortieren, die sie wie eine Statistik sauber aufteilen, noch nach den üblichen Idealtypen, die durch »Mischungen« ergänzt werden müssen. Gerechtfertigt sind unsere Typen nur, wenn es uns gelingt, unter jeder Typenbezeichnung eine Anzahl von Zügen und Dispositionen zu ordnen und diese in einen Zusammenhang zu bringen, der sie ihrem Sinn nach als eine mögliche Einheit zeigt... b) Unsere Typologie muß insofern eine kritische sein, als sie die Typisierung der Menschen selbst als soziale Funktion versteht. Je starrer ein Typ ist, desto tiefer hat die Gesellschaft ihm ihren Stempel aufgeprägt. Dem entsprechend sind Züge wie Rigidität und stereotypes Denken kennzeichnend für die Vorurteilsvollen... c) Die Typen müssen so konstruiert sein, daß sie pragmatisch produktiv werden können. Das heißt, sie müssen sich in relativ drastische Abwehrmechanismen übertragen lassen, die so angelegt sind, daß Unterschiede individueller Natur nur eine Nebenrolle spielen. Das führt zu einer gewissen bewußten »Oberflächlichkeit« der Typisierung, der Situation in einer Heilanstalt vergleichbar, wo keine Therapie begonnen werden kann, ehe nicht die Patienten in Manisch-Depressive, Schizophrene, Paranoiker und so fort eingeteilt worden sind, obgleich man genau weiß, daß diese Unterschiede schwinden, je tiefer man eindringt... Diese unerläßliche Vereinfachung ist wahrscheinlich durch die Einbeziehung soziologischer Kriterien in die psychologischen Konstruktionen wie Gruppenzugehörigkeit, Identifizierungen unserer Versuchspersonen und auch gesellschaftliche Ziele, Einstellungen und Verhaltensmuster zu erreichen... Diese Erwägungen müssen noch um eine Bedingung ergänzt werden, welche die Natur unserer Studie vorschreibt. Unsere Typologie, oder vielmehr das Schema der Syndrome muß so angelegt sein, daß es so »natürlich« wie möglich auf die empirischen Daten paßt. Unser Material existiert nicht... im leeren Raum... Da unsere Hypothesen nach der psychoanalytischen Theorie formuliert wurden, orientieren sich die Syndrome stark an psychoanalytischen Begriffen... (*Adorno* 1973, S. 309–311)

Für die Vorurteilsforschung insgesamt hat sich mit der Studie zur autoritären Persönlichkeit die »Wende zum Subjekt« vollzogen. Das heißt, daß das Phänomen Vorurteil nicht mehr an den Vorurteilsobjekten gesucht und Vorurteile auf ihr Verhalten und ihre Befindlichkeiten bezogen werden, sondern vielmehr am Subjekt. Gemeint ist das Subjekt in seinen sozialen und kulturellen Zusammenhängen.

Zugleich hat sich der Gedanke durchgesetzt, daß man von komplexen Zusammenhängen ausgehen muß, die als Vorurteilssyndrom anzusprechen und in deren Umfeld Entstehung und Funktionen von Vorurteilen

auszumachen sind. Auf solche beobachteten und angenommenen Zusammenhänge gehen auch die Typen zurück, die Adorno als methodische Instrumente konstruiert, um das vorurteilsvolle Subjekt abzuheben vom Subjekt, das nicht auffällig vorurteilsvoll ist.
Die angenommenen Typen sind von Adorno in der Sprache der Psychoanalyse kurz charakterisiert worden. Es sind dies die Typen des »Konventionellen«, des »Autoritären«, des »Rowdy«, des »Spinner« und des »Manipulativen«.

Beim *Konventionellen* fällt, wie erwartet, die Anerkennung konventioneller Werte auf. Sein Über-Ich war niemals gefestigt, und er steht weitgehend unter dem Einfluß dessen veräußerlichter Instanzen. Die Furcht, »anders zu sein«, ist sein sichtbares Motiv. Der *Autoritäre* wird vom Über-Ich beherrscht und muß unaufhörlich gegen starke und höchst ambivalente Es-Tendenzen ankämpfen. Ihn treibt die Angst, schwach zu sein. Beim *Rowdy* haben die verdrängten Es-Tendenzen – wenn auch in entstellter und destruktiver Form – die Oberhand gewonnen. Der »*Spinner*« und auch der *Manipulative* scheinen den Ödipuskomplex gelöst zu haben, indem sie sich narzißtisch in sich selbst zurückzogen. Jedoch variiert ihr Verhältnis zur Außenwelt. Die »*Spinner*« haben die Realität weitgehend durch eine Phantasiewelt ersetzt; ihr Hauptmerkmal ist daher Projektivität und ihre größte Sorge, die innere Welt nicht »beschmutzen« zu lassen durch die Berührung mit der schrecklichen Wirklichkeit... Der *Manipulative* entgeht der Psychose, indem er die Wirklichkeit zum bloßen Handlungsobjekt degradiert... Seine Zwanghaftigkeit ist noch stärker als die des Autoritären und scheint völlig ich-fremd zu sein... Totale Unterdrückung aller Liebeswünsche ist der ihn beherrschende Abwehrmechanismus (*Adorno* 1973, S. 314–315).

Der autoritäre Typ hat sich als derjenige erwiesen, der in den empirischen Untersuchungen und Analysen am häufigsten auftrat und der auch dem Gesamtbild des vorurteilsvollen Menschen am nächsten kommt. Dieser Typus ist auch bestimmend gewesen für die Theorie.

Das Syndrom des Autoritären folgt dem »klassischen« psychoanalytischen Modell, das den Ödipuskomplex auf sadomasochistische Weise löst und das Erich Fromm den »sadomasochistischen« Charakter genannt hat. Nach Horkheimers Theorie in der gleichen Arbeit zu »Autorität und Familie« geht äußere gesellschaftliche Repression mit innerer Verdrängung von Triebregungen zusammen. Um die »Internalisierung« des gesellschaftlichen Zwanges zu erreichen, die dem Individuum stets mehr abverlangt als sie ihm gibt, nimmt dessen Haltung gegenüber der Autorität und ihrer psychologischen Instanz, dem Über-Ich, einen irrationalen Zug an. Das Individuum kann die eigene soziale Anpassung nur vollbringen, wenn es an Gehorsam und Unterordnung Gefallen findet; die sadomasochistische Triebstruktur ist daher beides, Bedingung und Resultat gesellschaftlicher Anpassung. In unserer Gesellschaftsform finden sadistische so gut wie masochistische Neigungen Befriedigung. Bei der spezifischen Lösung des Ödipuskomplexes,

> welche die Struktur des hier besprochenen Syndroms bestimmt, werden solche Befriedigungen in Charakterzüge umgesetzt. Die Liebe zur Mutter, in ihrer ursprünglichen Form, fällt unter ein strenges Tabu; der resultierende Haß gegen den Vater wird durch Reaktionsbildung in Liebe umgewandelt. Diese Transformation bringt eine besondere Art von Über-Ich hervor. Die schwierigste Aufgabe des Individuums, in seiner frühen Entwicklung Haß in Liebe umzuwandeln, gelingt niemals vollständig. In der Psychodynamik des »autoritären Charakters« wird die frühere Aggressivität zum Teil absorbiert und schlägt in Masochismus um, zum Teil bleibt sie als Sadismus zurück, der sich ein Ventil sucht in denjenigen, mit denen das Individuum sich nicht identifiziert: in der Fremdgruppe also (*Adorno* 1973, S. 322–323).

Der vorurteilsvolle Mensch ist ein Mensch, der in seiner Entwicklung gestört und geschädigt ist. Alle Sozialisationstheorien gehen davon aus, daß mit der Geburt eines Menschen seine soziale und kulturelle Identität, seine Persönlichkeit, sein bewußtes Ich noch offen und nicht festgelegt ist. Mehr noch, es ist nicht sicher, ob ein Mensch überhaupt zu einem vollen entfalteten Ich kommt, ob und in welchem Maße er eine Identität entwickeln kann. Besonders wichtige Phasen dieses Geschehens sind die früheste und frühe Jugend. Hier kommt es darauf an, daß es dem Menschen gelingt, Objektbeziehungen zu entwickeln, Objekte emotional zu besetzen und sie dadurch erst »wirklich« werden zu lassen. Es kommt darauf an, daß der Mensch befähigt wird, Beziehungen zu vielen Objekten aufzunehmen, und darauf, daß er sich von Beziehungen, die sich entwickelt haben, wieder lösen und andere, neue Beziehungen aufnehmen kann, daß er die Umwelt in ihrem Reichtum, in ihrer differenzierten Vielfalt und in ihren Veränderungen und Wandlungen erfahren und sich mit ihr auseinandersetzen kann. Dazu gehört, daß der Mensch zu einer eigenen, bewußten Instanz wird, die sich durchhält, Identität und Kontinuität besitzt, und sich relativ autonom seiner Umwelt gegenüber verhalten kann, fähig ist zur Distanz. Dieser Aufbau der Persönlichkeit geht so vonstatten, daß das Kind die Normen, Werte und Verhaltenserwartungen, die an es gestellt werden, verinnerlicht, internalisiert. Damit werden äußere Zwänge abgebaut.

Internalisation als das Aufheben, das »Verkraften« von äußerer Autorität und Zwang; dieses Schaffen von innerer Autorität ist nur möglich, wenn das Kind dafür einen Ausgleich erhält. Dieser Ausgleich besteht in Liebe, Zuneigung und Verständnis. Gegen Zuneigung und Liebe vor allem der Eltern ist das Kind bereit, den Tausch einzugehen zwischen den Trieben des Es und den Erwartungen des Über-Ich. Dabei spielt sich im Ich ein Ausgleich ein, den das Kind und der Erwachsene trotz des »Unbehagens in der Kultur« und trotz des Verzichts auf direkte und unmittelbare Triebbefriedigungen als positiv erfährt. Bei der autoritären

Persönlichkeit erhält das Kind keinen Ausgleich für die Verinnerlichung. Deshalb findet sie nicht statt. Autorität bleibt als äußerer Zwang bestehen. Das Kind und später der Erwachsene müssen sich diesem äußeren Zwang unterwerfen. Dabei haben sie keine Möglichkeit, eine eigene Persönlichkeit zu entwickeln. Das Ich bleibt schwach und verarmt. Es ist auf die äußere Autorität angewiesen, also darauf, sich mit der Autorität zu identifizieren, die sie schädigt und unterdrückt.

In den Untersuchungen fällt auf, daß vorurteilsvolle Menschen meist eine strenge, harte, lieblose Jugend hatten. Der autoritäre Vater tritt hervor, der strafende Vater, der »streng und gerecht« ist, der nichts »durchgehen« läßt, vor dem man immer Angst hat, der wie ein Richter ist; und die Mutter, bei der man kein Verständnis findet, an die man sich nicht wenden kann. Eine solche autoritäre Familienstruktur ist für das Kind eine dauernde Schädigung. Was sich besonders verhängnisvoll auswirkt, ist, daß sich das Kind dagegen nicht wehren kann. Im Gegenteil, es ist für sein Überleben darauf angewiesen, Beziehungen zu seiner Umwelt, also zu den Eltern zu erhalten. Ein typisches Verhalten ist, ein positives Tabu zu entwickeln gegenüber der Autorität, die unterdrückt und von der man abhängig ist. Viele Äußerungen in den Interviews zu den Untersuchungen der autoritären Persönlichkeit zeigen das. Da ist der Vorurteilshafte, der als Erwachsener sagt: »Mein Vater war ein großartiger Mensch, er hat mich immer windelweich geschlagen, wenn ich etwas vergessen oder falsch gemacht habe.« Hier wird Strafe bejaht und geradezu gesucht als etwas, womit man den »inneren Schweinehund« besiegen kann, womit das diffamiert wird, was an innerer Identität besteht. Aussagen über die Mutter sind oft von der Art: »Meine Mutter war eine wunderbare Frau. Sie ist in ihrem ganzen Leben nie krank gewesen.« Das ist eine entlarvende Aussage. Wenn ich von einem Menschen, der mir so nahe steht, nichts Lobenderes aussagen kann, als daß er immer gesund war, dann zeigt das, daß ich tatsächlich keine emotionalen Beziehungen zu ihm habe. Es ist wie ein Zwang, auf die nächste Umgebung, auf die Gruppe, zu der man gehört, auf die Menschen, von denen man abhängig ist, »nichts kommen zu lassen«, keine Distanz zu haben, keine Kritik zu üben, nicht »das eigene Nest zu beschmutzen«.

Die Situation, daß man sich selbst aufgeben und unterwerfen muß, ist viel weiter verbreitet, als unser Bewußtsein wahrnimmt. Dafür das Beispiel eines türkischen Mädchens, das in einer deutschen Klasse ist und große Mühe hat, die deutsche Sprache zu lernen. Am Ende einer Stunde bleibt das Kind in der Klasse und geht zur Lehrerin. Sie merkt, daß das Kind etwas auf dem Herzen hat, daß es ihm aber sehr schwer fällt, das zu sagen. Schließlich bringt sie aus ihm heraus: »Ich mag meine Eltern nicht.« Eine erschütternde Aussage für ein Kind, das von den Eltern keine Hilfe, keine

Zuwendung erfährt und das sich nicht an Verwandte wenden kann, das in seiner Umgebung isoliert ist und nicht sagen kann, was es bedrückt und worunter es leidet, weil es ja auf seine Eltern angewiesen ist.
Der Ich-Schwache kann solche Konflikte nicht austragen, er muß sich auf die Seite der übermächtigen äußeren Autorität stellen. Was er »lernt«, das ist, Macht wahrzunehmen und sich ihr zu unterwerfen. Wie er sich dem Vater unterworfen hat, so unterwirft er sich auch später Machtgruppen und ihren Exponenten. Das ist etwas, was am auffälligsten mit dem Vorurteil einhergeht: der Ethnozentrismus, die absolute und bedingungslose Unterwerfung unter die eigene Gruppe und die distanzlose Identifizierung mit ihr: mit dem eigenen Volk, mit der eigenen Nation, mit der eigenen Rasse.

Die autoritäre Persönlichkeit: Vorurteil als Fluchtverhalten und Überlebensstrategie

Eine wichtige Frage im Rahmen der Theorie der autoritäten Persönlichkeit lautet: Wie überlebt der Geschädigte, die ich-schwache Persönlichkeit? Sie überlebt durch aggressiv-vorurteilsvolles Verhalten. Hier ist der Aspekt der Funktion von Vorurteilen angesprochen. Der vorurteilsvolle Mensch ist von innen und von außen bedroht. Ein Zusammenhang der Bedrohung besteht darin, daß Aggressionen bestehen gegen die äußere Gewalt, die sich aber nicht gegen die Autorität der äußeren Gewalt richten können. Das bedeutet, daß die Aggressionen als Selbsthaß auf das Subjekt zurückfallen und die eigene Vernichtung betreiben können. Davor bewahrt sich der ich-schwache Mensch, indem er die Aggressionen nach außen wendet, aber nicht auf die Autorität und die Eigengruppe, sondern auf Fremdgruppen. Vorurteilsobjekte sind in diesem Sinne Ersatzobjekte für Selbsthaß und Selbstvernichtung, ein Hinauszögern des Rückschlages von Aggressionen auf sich selbst.
Gleichwohl bleibt so etwas wie Selbsthaß und Selbstverneinung auch bei der nach außen gewendeten Aggression und Vorurteilshaftigkeit wirksam und spürbar. Der Ich-schwache spielt mit der Katastrophe, er ist »verliebt in den eigenen Untergang«. Die »Kunst«, die Gedichte und Lieder des Nationalsozialismus, etwa um Sterben und Tod, und die Lesebücher dieser Zeit sind eine einzige Einübung in den heroischen Untergang. Da werden Opfergänge »bis zum letzten Mann« gerühmt, von Leonidas an den Thermopylen und den letzten Goten bis zu den »Helden von Langemarck«, da wird die Katastrophe von Stalingrad schon vorweggenommen. Und in den letzten Tagen des Nationalsozialismus klingt aus

den Trümmern von Berlin diese »Lust am Untergang« in den Worten des Propagandaministers Goebbels an: Wenn wir die Bühne der Weltgeschichte verlassen, dann werden wir die Tür hinter uns zuschlagen, daß die Welt in ihren Angeln erbebt. Dem entspricht auch der Befehl Hitlers, im »Endkampf« keine Rücksicht auf das Weiterleben der eigenen Bevölkerung zu nehmen.

Im Vorurteil gegen Fremdgruppen flieht der Vorurteilsvolle vor seinen Konflikten und Problemen: er verlagert sie nach außen, er projiziert sie auf andere. Sein Verhältnis nach außen ist gekennzeichnet durch Unterwerfung unter Macht und Autorität der eigenen Gruppe und durch Vorurteil und Aggression gegen Fremde und Unterlegene. Sehr vereinfachend hat man für den Vorurteilsvollen das Bild des Radfahrers herangezogen: sich nach oben bücken und nach unten treten.

Ein weiterer Gesichtspunkt ist der, daß der Ich-schwache nicht in der Lage ist, sich mit einer differenzierten und sich dauernd verändernden Wirklichkeit auseinanderzusetzen. Er kann eine solche Wirklichkeit nicht verarbeiten. Adorno hat in diesem Kontext von einer »Wut auf die Differenz« gesprochen, mit der der Vorurteilsvolle darauf reagiert, daß er nicht zurechtkommt. Er braucht eine einfache, eindeutige und unveränderliche Wirklichkeit. Eine solche Scheinwirklichkeit und damit Scheingewißheit bietet das Vorurteil. Es bildet ein Instrument, in einer Umwelt zu überleben, in der man hilflos ist. Das grobe Raster, das an die soziale Wirklichkeit angelegt wird, kennt nur Unterscheidungen in Gegensätzlichkeiten wie schwarz – weiß, gut – böse, stark – schwach. Damit gleicht der Vorurteilsvolle das Außen seinem inneren Vermögen an. Es bedeutet ihm eine Erleichterung, daß er die Welt so bestimmen kann, wie es seinen Fähigkeiten entspricht. Tatsächlich setzt sich mit dieser Orientierung und entlastenden Vorurteilsgewißheit ein Prozeß seelischer und geistiger Verarmung fort, der das vorurteilsvolle Erkennen und Bestimmen von Wirklichkeit immer stärker zum Wahn werden läßt, bis der Vorurteilsvolle von seinem Wahn umstellt ist und die Wirklichkeit verloren hat. Das verstärkt dann seine Einstellung und Meinung, von Täuschung und Betrug, Verstellung und Hinterhalt, von Verrat und Lüge umgeben zu sein. Damit überträgt er auch noch seinen Wahn als Schuld auf die Umwelt.

Was den Vorurteilsvollen in seiner Schwäche bedingt überleben läßt, ist seine Bindung an das Objekt, das er verfolgt. Er braucht Menschen und Gruppen, die er verfolgen kann, er sucht sie, er findet sie. In ihrer Abwertung, in ihrer Diffamierung stabilisiert er sein Selbst. Diese eigenartige Bindung an Objekte stärkster sozialer Ablehnung ist freilich auch nur scheinbar ein Entkommen. Die Verfolgung rettet den Verfolger nicht. Er wird sein Unglück nicht los, indem er andere unglücklich macht.

Das antisemitische Hetzblatt des Nationalsozialismus »Der Stürmer« wiederholte in jeder Ausgabe auf der ersten Seite in großen Lettern die These: Die Juden sind unser Unglück. In der Tat: die Juden sind das Unglück der Antisemiten; sie machen sie zu ihrem eigenen Unglück.
Hinter der in diesem Beispiel sichtbaren Verbissenheit, mit der am Vorurteil festgehalten wird, steht der Versuch zu überleben, die eigene Schwäche in der »Flucht in den Haß« zu kompensieren.

Kapitel 8: Aggressionen – das sogenannte Böse

Orientierung

Das Kapitel hat sich der Tatsache zu stellen, daß es leichter ist, zum Thema Aggression vielfältige Aktualität zu assoziieren, als diesen Begriff tragfähig zu entfalten und ihn in die Sozialpsychologie einzubringen. Hier wird vor allem sein möglicher Stellenwert für die Erklärung von festgefahrenen Einstellungen ausgelotet. Dabei tritt hervor, daß Aggression sehr unterschiedliches Geschehen bezeichnet. Auch die Theoriebildung ist uneinheitlich. Die gängigste Erklärung, die Frustrations-Aggressions-Hypothese, erweist sich als zu verkürzt, um Entwicklung und Funktion von Aggression aufzuzeigen. Erklärungen scheinen in drei Theoriehorizonten möglich: im Rahmen der Verhaltensforschung, der Psychoanalyse und der Soziologie.
Im Abschnitt »Ein Erbe der Natur? Antworten der Verhaltensforschung« werden besonders die Untersuchungen und Thesen von Konrad Lorenz herangezogen. Dabei steht die Frage im Vordergrund, ob und wie weit Übertragungen und Analogien zum Menschen möglich sind. Das »schlechte Abschneiden« des Menschen beim Problem der Bewältigung von Aggression wird konfrontiert mit der Erkenntnis, daß es sich bei Tier und Mensch um verschiedene Formen von Aggression handelt.
Einen zentralen Theoriehorizont bilden die »Deutungen der Psychoanalyse«. An der dualistischen Triebtheorie Freuds wird das »Nachhinken« der Entfaltung des Aggressionsbegriffs akzentuiert und die Ausprägung und Zielrichtung der Aggression im Ödipuskonflikt angesprochen.
Mit der Forderung von Alexander Mitscherlich, soziale Zusammenhänge in die Erklärung von Sozialisation einzubeziehen, ist der Horizont des Abschnittes »Soziale und kulturelle Determinanten der Aggression« erreicht, der Ansätze für eine soziologische Theorie umreißt.

In den Erklärungen von Vorurteilshaftigkeit tritt immer wieder aggressives Verhalten als etwas Wesentliches hervor. Diese enge Verbindung von Vorurteilshaftigkeit und Aggression legt den Versuch nahe, Vorurteile über das Phänomen Aggressivität zu klären. Danach wären Vorurteile als Ausdruck von Aggressivität zu betrachten. Damit ist freilich die Theoriebildung nicht leichter geworden, im Gegenteil, sie gerät sozusagen vom Regen in die Traufe. Was mit »aggressiv« bezeichnet wird, ist sehr Verschiedenartiges und Vielfältiges und ganz und gar nicht eindeutig faßbar.

Bei den erheblichen Unterschieden der Verhaltensweisen, die bereits mit dem Etikett »aggressiv« versehen wurden, ist es überhaupt fraglich, ob Aggression ein einheitlicher Tatbestand ist. Vielleicht liegt in der Tatsache, daß im Grunde unterschiedliche Verhaltensweisen als »aggressiv« bezeichnet werden, mit eine Ursache für die sich zum Teil erheblich widersprechenden Ergebnisse bestimmter Aggressionsstudien. Zwar sind die verschiedenen Klassifikationsversuche nicht unabhängig von ihrem jeweiligen theoretischen Hintergrund entstanden, trotzdem ist es hier noch am ehesten möglich, gewisse Gemeinsamkeiten festzustellen ... Der ohnehin nur begrenzt vorhandene Konsensus in der Kategorisierung bestimmter beobachteter Verhaltensweisen als »aggressiv« geht aber sofort verloren, wird die Frage nach der Genese, nach dem Ursprung der Entstehung dieser Verhaltensweise gestellt. Die stärkste Polarisation der Standpunkte drückt sich in der Stellungnahme zum Primat der Anlage- oder Umweltdeterminiertheit der Aggression aus (*Brinkmann* 1971, S. 1 und 2).

Aggression wird in verschiedenen Wissenschaftsbereichen konturiert: in der Tierpsychologie und Verhaltensforschung, in der Psychologie, der Psychoanalyse, der Soziologie, der Politologie. Die verschiedenen Ansätze beeinflussen und verunsichern zugleich die notwendige Entfaltung des Phänomens Aggression in der Sozialpsychologie. Gegenwärtig jedenfalls »erleichtert« der Komplex Aggression nicht die sozialpsychologische Theoriebildung, da sein möglicher Stellenwert nicht feststeht und auch nicht sicher ist, ob das mit Aggression Gemeinte für die Sozialpsychologie nicht besser in einem anderen Rahmen anzusprechen ist, etwa im Zusammenhang einer Theorie der Entwicklung und Veränderung von Einstellungen. Dieses Arbeitsbuch kann sich nicht auf eine übergreifende Gesamtdarstellung einlassen, die den Bereich der Sozialpsychologie wesentlich überschreiten würde. Es verzichtet auch darauf, Aggression als ein wesentliches Teilgebiet der Sozialpsychologie zu behandeln, was Sache eines eigenen Buches wäre. Dafür wird dieses Phänomen konkret am Beispiel der Vorurteilsproblematik angesprochen, und zwar so, daß es von hier aus auch für Sozialpsychologie insgesamt thematisiert wird.
In der Vorurteilsforschung hat man gerne auf eine Aggressionstheorie zurückgegriffen, die einfach und klar wirkt und überhaupt weiteste Verbreitung gefunden hat. Es ist eine sehr verkürzte Theorie, die mit Hilfe einer wenn-dann-Hypothese eine Kausalerklärung für Aggression aufstellt: die Frustrations-Aggressions-Hypothese.

Als Erklärung für das Entstehen aggressiver Verhaltensweisen formulierten Dollard et al. (1939) eine nicht vorwiegend biologisch fundierte sogenannte Frustrations-Aggressions-Hypothese. Dabei verstanden sie unter Frustration jede Beeinträchtigung einer zielgerichteten, aktivierten Handlung und Handlungsabsicht und unter Aggression jede Verhaltensfolge, deren Ziel die Verletzung einer Person ist. Zwischen Aggression und Frustration wurden folgende Beziehungen angenommen: Aggression ist immer eine Folge von Frustration – und Frustration führt immer zu einer Form von Aggression ... Die durch Frustrationen hervorgerufenen Aggressionen werden um so heftiger ausfallen, je stärker sich das betreffende Individuum frustriert fühlt (*Brinkmann,* 1971, S. 10 und 11).

Hier ist die allgemeine Erfahrung angesprochen, daß wir immer wieder enttäuscht werden in zielgerichteten Erwartungen und Handlungen. Ebenso verbreitet ist die Erfahrung, daß Frustration Wut hervorruft, die sich mehr oder weniger unberechenbar entladen kann. Im Lateinischen, woraus sich die Wörter herleiten, um die es hier geht, bedeutet *frustra* umsonst und *aggressio* Angriff. Aber geklärt ist damit auch nicht, ob im Menschen Aggression immer schon auf der Lauer liegt, um auszubrechen, sobald die Frustration ein Zeichen gibt, wie das »rote Tuch« die Wut und Aggression eines Stiers auslöst; oder ob Frustrationen nach und nach Aggression aufbauen, bis dann der bekannte »Tropfen« das Faß »Aggression« zum Überlaufen bringt.
Insgesamt ist es fragwürdig, Aggression mit Frustration zu erklären. Wenn man so will, dann besteht unser Leben ja aus vielen Frustrationen. Im kleinen: vom Morgen, wenn der Kaffee zu heiß ist, der Knopf abreißt und die Bahn gerade weg ist, bis zum Abend, wenn man die schlechte Rechennote seines Kindes erfährt, einen Steuerbescheid vorfindet oder im Fernsehen seine Mannschaft verlieren sieht. Im großen: Wenn man beruflich Schiffbruch erleidet, arbeitslos wird, in Schulden steckt, wenn die Ehe zerbricht, man schwere Unfälle und Krankheiten erleidet... Man kann noch weiter gehen. Für viele Menschen ist die Tatsache ihrer Existenz die Frustration an sich, und ihr Verhalten der Umwelt gegenüber ist ein einziger Protestschrei. Aber auch die Beziehung von Frustration zu Aggression ist fragwürdig. Es gibt zahllose Frustrationen, die keine Aggressionen auslösen, sondern erhöhte Bemühungen und Anstrengungen auslösen, aus denen Menschen lernen, an denen sie reifen. Die schlechte Note kann ein Ansporn sein, sich »auf den Hosenboden zu setzen«, anstatt den Lehrer zu hassen. Aber es sind auch schon Kinder totgeschlagen worden, weil sie beim Fernsehen »gestört« haben. Beides firmiert unter dem Sammelbegriff Frustration, in den der Ärger über »die Fliege an der Wand« ebenso einzubringen ist wie die »Krise in der Lebensmitte«, in der sich Frustrationen zu der Frage summieren: soll das alles gewesen sein? Frustration ist ein verkürzter und ungenauer Begriff, der ungelöste Fragen nach sich zieht, wie die nach der Frustrationsschwelle, nach dem unterschiedlichen Moment des Umschlagens von Frustration in Aggression, und der gleichwohl nicht erklären kann, woher Aggression kommt.

Ein Erbe der Natur? Antworten der Verhaltensforschung

Bei den Aggressionstheorien wie bei den Vorurteilstheorien muß man nicht so sehr einzelne Theorien sondern Theoriehorizonte unterscheiden. Der weiteste Theoriehorizont ist der, Aggression als ein Phänomen zu betrachten, das bei allen Lebewesen auftritt. Dies hat dazu angeregt, Aggressionen bei Tieren zu beobachten und zu untersuchen, um Analogien zum Verhalten des Menschen zu finden. Hier hat die Verhaltensforschung, die vor allem durch Konrad Lorenz populär geworden ist, interessante und wichtige Ergebnisse erbracht, die über die Erklärung tierischen Verhaltens hinaus herangezogen wurden, um menschliches Verhalten zu erklären. Aus langen Beobachtungen von Graugänsen, Fischen und anderen Tierarten hat Lorenz den Schluß gezogen, daß Tiere Aggressionen und die damit gegebenen Probleme besser bewältigen als die Menschen. Wie sehr er tierisches Verhalten als vorbildlich ansieht, dafür gibt es eine Anekdote, nach der Lorenz sehr enttäuscht gewesen sein soll über ein Graugänsepaar, das sich »daneben« benahm. Seine Sekretärin soll ihn getröstet haben mit dem Satz: Nehmen Sie das doch nicht so ernst, die Graugänse sind schließlich auch nur Menschen.

Eine Theorie der Verhaltensforschung besagt, daß in der Tierwelt durch Aggressionshemmungen und Verhaltensrituale die Gefährlichkeit von Aggression verhindert wird, während sie sich beim Menschen potenziert. Unterwerfung und Demutshaltung sind für das Tier Signale, die seine Aggression sofort blockieren. Des weiteren sorgen Verhaltensrituale in der Gruppe dafür, daß Aggressionen sich nicht gegen Artgenossen richten und damit bedrohend sind, sondern nach außen geleitet werden und damit zum Zusammenhalt und zum Überleben der Gruppe in der Umwelt beitragen. Das wird geleistet durch Unterordnung der Gruppe unter das »Alpha-Tier«, wie es Lorenz nennt.

Die These von Lorenz, daß der Mensch im Laufe seiner kulturell-zivilisatorischen und wirtschaftlich-technischen Entwicklung Aggressionshemmungen eingebüßt und zugleich technisch ein ungeheures Aggressionspotential dazugewonnen hat, führt dazu, die Tiere friedlich und die Menschen unfriedlich zu nennen. Die Technik potenziert die Aggressionsmöglichkeiten, die uns zur Verfügung stehen. Es ist ein Unterschied, ob ich den anderen mit den eigenen Händen erwürgen muß, wenn ich ihn töten will, oder ob ich nur auf einen Knopf zu drücken brauche und nicht mehr mit dem konfrontiert bin, was ich da auslöse, wenn weit weg die vernichtende Bombe explodiert.

Die Gleichung, die sich im Volksmund so ausdrückt: Seit ich die Menschen kenne, liebe ich die Tiere! geht freilich nicht so glatt auf, daß die Tiere immer als Lehrbeispiel für die Menschen herhalten können. Es gibt auch Beobachtungen darüber, daß Tiere Aggressivität nicht »bewältigt« haben.

Der amerikanische Tierforscher Georg Schaller ... hat drei Jahre lang Löwen in der Serengeti studiert. Viele interessante Einzelheiten kamen dabei ans Licht. Die Löwengesellschaft ist um eine Weibchengruppe zentriert, die gemeinsam die Kinder aufzieht und auch die Beute kooperativ fängt – dem Vorurteil von den einzelgängerischen Katzentieren zum Trotz. Die männlichen Löwen führen eine parasitäre Existenz; sie lassen die Weibchen Beute machen und kommen erst dann, um sich mit ihrer überlegenen Stärke den größten Anteil zu sichern. Besonders bemerkenswert ist aber, daß die Löwen auch ihresgleichen töten, sagt Schaller ... Er beobachtete mehrere Kämpfe, die tödlich endeten, und eine ganze Reihe weiterer Auseinandersetzungen, die zu so schweren Verletzungen führten, daß die Überlebenschancen eines oder beider Kämpfer stark vermindert wurden. Einmal beobachtete Schaller sogar Mord und Kannibalismus. Eindringende Löwen hatten das Männchen einer Gruppe getötet und fraßen dann die nunmehr ungeschützten Jungtiere (Wolfgang Schmidtbauer: Friedliche Tiere – ein Mythos, in: Die Zeit, 23. 3. 1973, S. 70).
Der Vergleich von Menschen und Tieren in Sachen Aggression ist schon deshalb bedenklich, weil Zusammenhänge und Äußerungsformen sehr verschieden sind. Wenn man vom beobachtbaren Aggressionsverhalten bei Tieren ausgeht, dann ist der Mensch sogar ein besonders friedliches Tier. Tatsächlich erreicht seine Aggressivität ganz andere Dimensionen. Wir müssen davon ausgehen, daß Aggression bei Tieren unterschiedlich bedingt und strukturiert ist, und bei Menschen auch wieder andere und verschiedene Aggressionsformen bestehen. Der Zoologe Bernhard Hassenstein unterscheidet mindestens zehn biologische Motivationen von Aggression.

Von diesen »biologischen« Aggressionsformen, die bei Menschen und Tieren gleichermaßen verbreitet sind, ist eine der geläufigsten in jedem Büro ... an jedem beliebigen Arbeitsplatz zu beobachten. Sie dient der Erkämpfung und Verteidigung von Positionen in der Rangordnung.
Natürlich fletschen die beiden gleichberechtigt eingesetzten Prokuristen nicht die Zähne. Sie brüllen und brummen sich auch nicht an wie die Löwen. Vielmehr versichern sie einander, wann immer sie sich begegnen, stets lächelnd ihrer gegenseitigen Hochachtung. Und nichts in ihrer Mimik verrät es, wenn sie am Schreibtisch über Fußangeln brüten, die sie für den jeweils anderen auslegen möchten. Von dieser Aggression ist im günstigsten Fall nur aus einem Interview mit ihren Sekretärinnen etwas zu erfahren (Gustav Adolf Henning: Die sogenannten Friedlichen, in: Die Zeit, vom 29. 6. 1973, S. 56).

Die menschlichen Aggressionsarten lassen sich gut im Rahmen von Vorurteilshaftigkeit charakterisieren. Dabei erhalten sie eine besondere Qualität, weil in das Zentrum des aggressiven Verhaltens die Sprache tritt. Von seiten der Verhaltensforschung ist die These aufgestellt worden, mit der Zurückführung der Sprache auf ein logisch-mathematisches Zeichensystem seien Aggression und Vorurteile abzubauen. Dieser Gedanke läuft auf eine Regression des Menschen zum Naturwesen hinaus. Dieser postulierten Anpassung entspricht schon die Anpassung an die Beobachtungen und Erklärungen der Verhaltensforschung, die den Menschen zurückbinden wollen an seine Urgeschichte.

Konrad Lorenz hat mit seiner »Naturgeschichte der Aggression« ein höchst suggestives gedankliches Modell für die stammesgeschichtliche Ableitung menschlicher Verhaltensstrukturen aus tierischen Urformen geliefert. Das Verhalten hat jedoch seine Tücken. Der Schluß von der Revierverteidigung des Buntbarsches, den Rangordnungskämpfen des Wolfes oder der ritualisierten, zur Freundschaftsgeste umfunktionierten Aggression der Stockente auf die menschliche Kriegsbereitschaft gelingt nicht ohne gewaltsame Vereinfachungen. Tierische Aggression ist jeweils situationsgebunden, zielgerichtet und in ihrer biologischen Funktion klar bestimmbar. Eine unspezifische, gleichsam blinde Destruktivität, wie sie dem Menschen eigen sein kann, läßt sich im Tierreich nur unter ganz extremen Umweltbedingungen, die die normalen Funktionsgesetze außer Kraft zu setzen scheinen, beobachten. Andere Verhaltensforscher wie Tinbergen oder Bilz sind denn auch weit vorsichtiger: sie weigern sich, von Aggression schlechthin oder gar von einem Aggressionstrieb zu sprechen, sondern beharren darauf, aggressives Reagieren jeweils innerhalb einer Situation als Wechselspiel innerer und äußerer Faktoren zu spezifizieren. Aber selbst der Lorenzsche Begriff des Aggressionstriebes ist weit davon entfernt, sich mit dem viel umfassenderen der Psychoanalytiker zu decken (Hans Krieger: Der Mensch – von Natur aus destruktiv? in: Die Zeit, vom 14. 11. 1969, S. 32).

Deutungen der Psychoanalyse

Die Absicht, Aggression des Menschen auf den menschlichen Nenner zu bringen, eröffnet einen neuen Theoriehorizont. Hier liegen die umfassendsten Deutungen und Theorieansätze vor, die sich vor allem aus der Psychoanalyse ableiten. Wenn Freud von einer dualistischen Triebtheorie ausgeht, von Libido und Aggression, so hat er sich der Libido sehr viel länger und intensiver zugewandt und hat sie in den Vordergrund gestellt. Mit Aggression hat sich Freud erst spät befaßt, und seine Deutungen sind hier offen und nicht ohne Widerspruch. Da ist zunächst die Charakterisierung eines Todestriebes. Das ist nicht so weit entfernt von der tragischen Bestimmung des Menschen in der Antike, die in die Hybris seiner Existenz auch die Sehnsucht legt, sich wieder zurückzunehmen in die Natur. Aischylos: Nicht geboren zu werden, ist unter allem das beste. Wenn man aber geboren ist, dann ist es das zweitbeste, dorthin zurückzukehren, woher man kam. Viel stärker ist in der Psychoanalyse ein anderer Aspekt der Aggression in den Vordergrund getreten: daß Aggression auch ein Lebenstrieb ist. In Analogie zur biologischen Ausstattung des Menschen wird Aggression in der Psychoanalyse weithin als seelische Grundausstattung des Menschen gesehen, die sich unter bestimmten Voraussetzungen sowohl destruktiv nach innen als auch destruktiv nach außen kehren kann.

Aggression ist ein Motor der Identitätsbildung, gerade in der frühen Kindheit. Hier sind Libido und Aggression schwer zu trennen. Die psychoanalytische Triebtheorie ist eine »von Anfang an« dualistische; die Neuformulierung in Freuds Alterswerk behält diese Trennung bei, faßt sie sogar noch »schärfer als zuvor, seitdem wir die Gegensätze nicht mehr Ich- und Sexualtriebe, sondern Lebens- und Todestriebe« nennen (S. Freud, Gesammelte Werke XIII, S. 57).

In ihrer Darstellung »Notes of Aggression« hat Anna Freud noch einmal die Trieblehre in ihren theoretischen Grundzügen zusammengefaßt. Die funktionelle Verschlungenheit der beiden Grundtriebe in den Anfängen der Individualentwicklung macht es jedoch schwer, hier Aggression von der prägenitalen Sexualität säuberlich zu trennen. Die Beobachtungen zeigten immer wieder, daß Aggression in den ersten Lebensjahren der Befriedigung der libidinösen Strebungen dient. Solange eine klare Abgrenzung des Ich von der Umwelt nicht existiert, und solange keine bewußt erlebte Identifizierung mit nächsten Beziehungspersonen (also eine Du-Erfahrung) besteht, ist die Aggression ungezügelt und rücksichtslos...

Der erste große Aggressionskonflikt findet in der anal-sadistischen Phase statt; das Kind muß sich Korrekturen oft schmerzlicher Art von der Realität gefallen lassen. Der Begriff »anal-sadistisch« zeigt jedoch auch, daß die Beziehungspersonen die Aggressivität des Kindes meist allzu leicht als »böse« einzuschätzen bereit sind. Je ernster die »Angriffe« genommen werden und je intoleranter die Erwachsenen sie beantworten, desto nachhaltiger ist die einschüchternde Wirkung auf das Kind, desto gehemmter das freie Erfahrungsspiel eines expansiven Eindringens in die Umwelt. Als solches bewußt, d. h. der Reflexion einigermaßen zugänglich, wird der Aggressionskonflikt erst in der Phase des Ödipuskonfliktes. Hier erscheint er in den schuldhaft verarbeiteten Todeswünschen gegen einen Elternteil: Die Aggression ist nun ganz und gar auf ein Objekt gerichtet, und auch in der Phantasie wird sie als schuldhaft erlebt.

Bis zu dieser Entwicklungsstufe wird Aggression wegen seiner mangelnden Ich-Kontrolle in den spontanen Interaktionen zwischen Erwachsenen und Kind häufig als früh sich äußernder, also vererbter Charaktermangel mißverstanden (*Mitscherlich* 1968, S. 88/89).

Die Integration des Aggressionstriebes in die psychoanalytische Gesamttheorie, wie sie Mitscherlich interpretierend vorangetrieben hat, entspricht nicht insgesamt dem Verhältnis der psychoanalytischen Forschung zu Aggression. Das reicht bis zur Forderung, den Begriff Aggression als zu ungenau aufzugeben und im klinischen Bereich konkret zu unterscheiden etwa zwischen Affekten wie Wut, Haß usw. und Verhaltensweisen wie Grausamkeit, Destruktivität usw. Aggression ist auch heute noch weniger erforscht als Libido. Weder Gründe und Motive, noch Formen und Ziele sind zutreffend erfaßt und analysiert. Die Verflechtungen von Aggressivität mit Angst, Abwehr, Unlust sind unklar.

Soziale und kulturelle Determinanten der Aggression

Im Zusammenhang mit der Weiterentwicklung der Verhaltensforschung und neueren Zielsetzungen in der psychoanalytischen Theorie tritt auch ein neuer Theoriehorizont für die Entstehung und die Funktionen von Aggression hervor. Danach bestimmt sich Aggression durch die Entwicklung und Struktur, durch die Dichte und den Druck äußerer sozialer Beziehungen.

In der Verhaltensforschung tritt zum Erklärungsansatz, daß Aggression der inneren Anlage und Ausstattung der Lebewesen entspricht, daß sie sich stauen und ausgelöst werden oder willkürlich ausbrechend sich entladen kann, also der Hypothese von der permanenten inneren Energieaufladung des Aggressionstriebes, der sich in der Umwelt entladen muß, wenn er nicht nach innen zerstörend wirken soll, ein anderer Erklärungsansatz. Danach steigert sich Aggression durch Außenreize, sie liegt nicht in der Natur der Lebewesen. Dafür sprechen Tierbeobachtungen, in denen sich zeigte, daß bei Vergrößerung der Gruppen durch Dichte und Enge des Zusammenlebens Aggressionen steigen.

Auch in der Psychoanalyse hat besonders Mitscherlich sich das Ziel gesetzt, die Entstehung von Aggression in gesellschaftlichen Großgruppen zu untersuchen. So ist beispielsweise »die Unwirtlichkeit unserer Städte« Anlaß, der Frage nachzugehen, wie weit Großstädte und Ballungsgebiete eine soziale Wirklichkeit darstellen, die der Mensch nicht »verkraftet«. Wie die Megalopolis Aggressionen als Verhaltensweisen des Menschen hervorruft, die zugleich Abwehr und Überlebensversuche sind, so tritt auch die Hypothese stärker in den Vordergrund, daß Großgesellschaften Aggressionspotentiale darstellen, die sich zwangsweise auf den einzelnen Menschen vermitteln. Dabei ist die Frage offen, ob allein mit der Größe einer Gruppe ein Umschlag in die Aggression erfolgt, also auch etwa in einer Mammutschule mit Tausenden von Schülern Aggression genau so vorprogrammiert ist wie in politischen

Großorganisationen etwa einer Supermacht. Weiter reicht die Frage, ob in einer Großgruppe die Gesamtkultur aggressive Züge annimmt, ob also große Kulturen immer aggressiv sind gegenüber weniger aggressiven kleineren Kulturen, oder ob die sozialen Strukturen einer Großgruppe ein Maß von Macht reproduzieren, das zu Aggressionen führen muß.
Eine Frage ist es auch, wie weit die technische und wirtschaftliche Entwicklung eine Entgrenzung von Aggression darstellt, die den Menschen befällt, der den aggressiven Möglichkeiten der Technik unterliegt. Im Umgang mit Technik geschieht mit den Menschen ein Wandel, der an Stephensons »Mr. Jekyll and Mr. Hyde« erinnert, der in ein Doppelleben flüchtet, um seine Kenntnisse voll nutzen und zugleich den gesellschaftlichen Normen gerecht werden zu können.
Im Umgang mit dem Auto ist dieses »Doppelspiel« ein für uns alltägliches Phänomen. Dieselben Menschen, die sich in einer typischen deutschen Art von »Türquälerei« unter Komplimenten – bitte nach Ihnen – aber nein, bitte nach Ihnen – vor lauter Höflichkeit nicht durch eine Tür bewegen können, werden im Auto plötzlich zu Rücksichtslosen, die keinen vorbei lassen, die immer und um jeden Preis überholen wollen. Wie reimt sich das zusammen? Offenbar läßt die Tatsache, daß man über 50 oder mehr Pferdestärken verfügt, Aggressionen zum Vorschein kommen, die sich austoben wollen.
Industrie und Werbung tun ein Übriges. Aggressionen sind ein gutes Geschäft. Pack den Tiger in den Tank, so hieß eine bekannte Werbung. Und wer den Tiger im Tank hat, der will ihn ja wohl auch vorzeigen, wie der, dessen Wagentyp Panther oder Jaguar heißt, diesem Leitbild gerecht werden will. Die geballte Kraft hochgetrimmter Technik wirkt sich teilweise nicht als Verkehrsmittel, sondern als Kriegsgerät aus. Freilich gibt es auch hier Unterschiede. Die aggressiven Dimensionen der Technik werden in den einzelnen Gesellschaften unterschiedlich eingelöst. Dabei gilt unsere deutsche Gesellschaft als besonders aggressiv, allerdings in einem Spannungsfeld, in dem auch andere Tendenzen zum Zuge kommen können. Auf humorvolle Weise charakterisiert ein Engländer das deutsche Fahrverhalten folgendermaßen.

Ein britischer Insulaner, der sich etwa 1966 freiwillig in den Kfz-Strom der Deutschen begab, litt vermutlich unter einer kombinierten Bus-, Bahn- und Jet-Phobie. Das war noch die Zeit, da sich sogar Buddhisten bekreuzigten, bevor sie zu einem Bundesautobahn-Ritt aufbrachen. Unvergeßlich bleiben zum Beispiel jene Fahrer, die einen damals auf der Überholspur der Autobahn mit papierbreitem Abstand verfolgten und mit dem Strahl ihrer Scheinwerfer am liebsten liquidiert hätten. Bezeichnend auch der SOS-Anruf eines Verwandten auf Besuch in Hamburg im Jahr 1970: »DDie fahren ja alle wie die Henker hier. Wir haben unseren Wagen irgendwo stehen gelassen. Bitte hol uns aus dieser Hölle raus.«

Dabei gilt dieser Mann zu Hause als ziemlicher Draufgänger am Steuer, der mit siebzig Sachen über die Landstraße rast (Peter Hays: Sechzig Minuten Anarchie pro Tag, in: Die Zeit, vom 18. 2. 1977, S. 51).

Das Phänomen Aggression erweist sich für die Erklärung individueller Einstellungen und Verhaltensweisen insgesamt als so undifferenziert und schwer zugänglich wie das Phänomen Vorurteil. Im nächsten Kapitel wird der Versuch einer Theoriebildung angesprochen, der davon ausgeht, daß Vorurteile im Zusammenhang mit gesellschaftlichen Prozessen der Machtbildung und Machterhaltung entstehen und Funktionen ausüben. Darin thematisiert sich Aggression erneut.

Kapitel 9: Manipulation der Macht: Soziologie und Politik des Vorurteils

Orientierung

Eine Erklärung vorurteilshafter Einstellungen, die nur vom Individuum ausgeht, verkürzt dieses Phänomen um seine gesellschaftlich-geschichtliche Dimension.

Der Abschnitt »Vorurteile: Fehlentwicklungen der Gesellschaft« geht politisch-gesellschaftlicher Schwäche nach am deutschen Beispiel der »verspäteten Nation«. Hier führen übersteigerter Nationalismus und Hilflosigkeit gegenüber der wirtschaftlichen und politischen Entwicklung zusammen mit Machtstreben zur Fixierung von Haßobjekten. Als solches politisches Haß- und Vorurteilsobjekt treten die Juden hervor. Sie werden in der Rolle des am Elend des Kleinbauerntums Schuldigen verfolgt, das mit der aufkommenden Industrialisierung in Bedrängnis geriet. Noch deutlicher zeigt sich dieser Mechanismus in der Misere der »Gründerjahre« nach 1871 und in den Machtphantasien der »Alldeutschen«.

Vorurteile als »Manipulation der Macht« sind in der Situation nach dem Ersten Weltkrieg angesprochen, als Hitler den Nährboden fand, um den bestehenden Antisemitismus als Instrument zur Erlangung und Erhaltung von Macht zu nutzen. Dabei wird deutlich, wie in autoritären Gesellschaften das Potential der Aggression so ansteigt, daß es im Interesse einer Machterhaltung auf vorurteilshaft erfundene und ausgestattete innere und äußere Feinde abgelenkt werden muß.

Der Aggressionspegel einer Gesellschaft läßt sich auch unter dem Erklärungsversuch des Kulturdrucks beschreiben. Es tritt dabei eine »Normalität der Schädigung« auf in dem Sinne, daß das Vorurteilsverhalten der einzelnen im Maße der Entwicklung von Rigidität und Zwang der Gesellschaft gegenüber angemessen und »richtig« ist. So muß der »Zivilisationsprozeß« insgesamt auch daraufhin befragt werden, wie weit er die Entwicklung gesellschaftlicher und politischer Vorurteilshaftigkeit fördert, die wir geneigt sind, dem einzelnen anzulasten.

Die meisten Vorurteilstheorien gehen in ihren Erklärungen von Menschen aus, sei es von den Menschen, denen Vorurteile gelten und die sie irgendwie herausfordern und auslösen, sei es von den Menschen, die aus Schwächen oder Störungen heraus vorurteilshaft denken und handeln. Mit dieser Tendenz entsprechen die Ansätze einer geläufigen theoretischen Grundstruktur der Sozialpsychologie insgesamt, deren Schwäche darin besteht, daß die gesellschaftlichen Gesamtzusammenhänge nicht oder unzureichend vermittelt sind. Das führt dazu, daß der Erfassung und Analyse der menschlichen Wirklichkeit oft die geschichtliche und gesellschaftliche Dimension fehlt.

So wird etwa im Bereich der Vorurteilstheorie die Theorie der autoritären Persönlichkeit in dem Maße problematisch, in dem die Frage in den Vordergrund tritt, welche sozialen und kulturellen politischen und ökonomischen Faktoren den Bedingungszusammenhang schaffen für eine Erziehung und Sozialisation, die zur Ich-schwäche und zum Angewiesensein auf Vorurteile führen. Je überzeugender diese Theorie am Individuum Schädigungsprozesse nachweist und verfolgt, um so deutlicher ist der Mangel zu empfinden, daß die Variablen und Determinanten dieses Geschehens wesentlich außerhalb der Erklärung bleiben. Es fehlen Zusammenhänge zur Gesellschaft hin. So mag es erscheinen, als ob insbesondere die familiale Erziehungssituation von Fall zu Fall verschieden sein kann, und daß eben bis zu einem bestimmten Prozentsatz die Anomalie schädigenden Verhaltens normal ist; oder daß – wie bei einer ansteckenden Krankheit – plötzlich eine Epidemie von Schädigung auftritt, bei der man nicht weiß, woher sie kommt. Man wartet dann entweder, bis die Kraft des Giftes sich erschöpft hat, oder man bekämpft die »Epidemie« mit Gegengiften und Hygiene. Das würde so etwas wie »Erziehungshygiene« und Immunisierung bedeuten.

Wie unbefriedigend das ist, läßt sich am Beispiel des Nationalsozialismus zeigen. Der »Fall Hitler« ist in zahlreichen Untersuchungen und Darstellungen in allen Einzelheiten dargestellt und analysiert worden. Der autoritäre Vater, die schwache Mutter, die lieblose Kindheit, der verkrachte Kunstmaler ... ein Musterfall für Ich-Schwäche, Autoritätsgebundenheit und Vorurteilsanfälligkeit – die Lebensgeschichte könnte nicht besser oder vielmehr »schlechter« erfunden worden sein. Obwohl dadurch eindringlich belegt werden kann, wie Hitler zu dem wurde, was er war, und wie alles, was er tat, der Kompensation seiner Schwäche, dem Überleben seines Ich diente, in einem wahnsinnigen Egoismus, der eben für dieses Ich Millionen Menschen opferte, bleibt dabei doch rätselhaft, wieso er als derart gestörter Mensch und als extremer Außenseiter – er besaß ja nicht einmal die deutsche Staatsangehörigkeit – die »Macht ergreifen« und ausüben konnte. Ein Psychiater hat einmal von Hitler und Leuten wie ihm gesagt: So ist das mit solchen Menschen: In normalen Zeiten behandeln wir sie als Kranke, in unnormalen Zeiten regieren sie uns.

Vorurteile: Fehlentwicklungen der Gesellschaft

Das ist freilich keine Antwort. Die »unnormalen« Zeiten müssen in ihrer Geschichtlichkeit bestimmt und erkannt werden, sonst können sie sich jederzeit wie ein Naturverhängnis wiederholen. Geschichte verdrängen, das heißt wehrlos werden und blind. So darf der Nationalsozialismus auch nicht als die Krankengeschichte Hitlers, sondern diese Krankengeschichte muß als Ausdruck der allgemeinen Geschichte gesehen werden. Dabei ist zwar das Zufällige des Individuellen nicht aufzuheben, aber es zeigen sich Analogien. Es ist zu zeigen, wie Deutschland so »unnormal« wurde, daß ein »Unnormaler« wie Hitler »ankam«.

Deutschland ist als »verspätete Nation« (Helmuth Plessner) angesprochen worden. Die Entwicklung eines nationalen Bewußtseins vollzog sich außerordentlich spät, äußerlich und übersteigert. Eine Identifikation bestand nur in Kleingruppen, die in ideologischer Weise auf gesellschaftliche Großgruppen übertragen wurde, wie etwa die Vorstellung vom »Landesvater und den Landeskindern« zeigt. Die Schwäche einer Identifikation mit der Großgruppe führt dazu, daß negative Projektionen auf Gegenbilder immer wieder benutzt werden zur Verstärkung und positiven Ausstattung des eigenen völkischen und rassischen, nationalen und politischen Bewußtseins. Diese Neigung zu einer Erleichterung einer nationalen Selbstfindung, die tatsächlich Kurzschlüsse und Verhinderung einer differenzierten und dauerhaften Identifikation bedeutete, steigerte und potenzierte sich noch, soweit es unsere Gesellschaft betraf, durch Prozesse und Probleme des wirtschaftlichen und gesellschaftlichen Wandels. Soweit gesellschaftliche Gruppen und Schichten von Abstieg bedroht waren oder sich bedroht sahen, haben sie immer wieder versucht, diese Entwicklung bestimmten Gruppen anzulasten und sie für allgemeine gesellschaftsgeschichtliche Prozesse zu verfolgen, für die sie selbst wesentlich verantwortlich waren.

Es ist hier durchaus möglich, in Analogie zum Bild der ich-schwachen autoritären Persönlichkeit von einer »Ich-Schwäche« der Gesellschaft zu sprechen. Diese Ich-Schwäche besteht darin, daß die gesellschaftlichen Gruppen nicht in der Lage sind, sich den gesellschaftlichen Problemen zu stellen und sie aufzuarbeiten. Statt dessen projizieren sie diese Probleme auf eine bestimmte Gruppe, die dann als verantwortlich für alle eigenen Schwierigkeiten und Miseren gilt.

Die Gruppe, die immer wieder in die Rolle des Vorurteilsobjektes gezwungen wurde, ist über unsere ganze Geschichte hinweg die Gruppe der Juden gewesen. Sie »eignete« sich deshalb als Vorurteilsobjekt, weil sie auffiel bzw. auffällig gemacht werden konnte (Judenstern) und ohne Macht war. Dazu kam, daß die Juden in Funktionen und Rollen gedrängt

werden konnten, die gesellschaftlich und wirtschaftlich notwendig und zugleich unbeliebt und diffamiert waren. Genau wie heute ausländischen Arbeitern »Schmutzarbeiten« zugewiesen werden, die getan werden müssen, für die sich aber kaum mehr Deutsche finden, und die wir dann zugleich verachten, weil sie diese Arbeiten verrichten, so hat man im Mittelalter den Juden Funktionen wie die des Geldverleihers und Zinsnehmers zugewiesen, die wirtschaftlich notwendig waren für die Akkumulation von Kapital, und sie zugleich wegen der »Zinswucherei« verfolgt. Außerdem wurde den Juden angelastet, daß sie an der gesellschaftlichen Entwicklung besonders stark beteiligt waren, was sie als »Zersetzung« und Auflösung »guter, alter Ordnung« verschwörerhaft verdächtig machte, während sie in der gesellschaftlichen Weiterentwicklung die einzige Chance ihrer Emanzipation sehen konnten.
Vor 1871 hat man die Juden für Schwierigkeiten in der Landwirtschaft verantwortlich gemacht, etwa durch starke Verschuldung. Dabei wurde nicht gesehen,

daß im Zuge der Industrialisierung der Schwerpunkt des ökonomischen und kulturellen Lebens sich immer mehr in die Stadt verlagert und damit ein relatives Absinken namentlich der kleinbäuerlichen Bevölkerung unvermeidlich wird. Statt zu erkennen, daß sie die unvermeidlichen Opfer eines historischen Entwicklungsprozesses wurden, hielten sich diese Gesellschaftskreise für die bemitleidenswerten Objekte heimtückischer Machenschaften. Diese pseudokonkrete Verschwörungstheorie war sicher viel einleuchtender und erforderte erheblich weniger Intelligenz als die Einsicht in einen komplizierten ökonomisch-technischen Prozeß (*Fetscher* 1965, S. 16 und 17).

Der Antisemitismus tritt verstärkt auf nach der Reichsgründung 1871. Hier sind es die starken Zuwanderungen in die Städte und die Gründerjahre, die zu einer Krise führten.

Fabriken, Großbetriebe, Kettenläden, Warenhäuser, Konfektionsgeschäfte treten hier als die gefährlichsten Konkurrenten der städtischen Handwerker und Kaufleute auf... Als 1873 auf den übertriebenen und ungesund raschen Aufschwung der Gründerjahre die Krise folgte, wurden viele Angehörige gerade dieser Stände, die sich ohne genügende Erfahrung und ohne Maß an den vorausgegangenen Spekulationen beteiligt hatten, ruiniert... Als dann die Misere kam, waren natürlich die Juden schuld (*Fetscher* 1965, S. 17).

Ebenso entwickelt sich das Nationalbewußtsein einseitig und übersteigert. Es ist ein Nationalgefühl der Emotionen und der Maßlosigkeit. Führend dabei ist der »Alldeutsche Verband«, der in einer besonderen Weise die These zu seinem Motto gemacht hat: am deutschen Wesen soll die Welt genesen. Es ist ein Nationalismus des Hasses. Dieser Haß äußert sich hauptsächlich im Antisemitismus. An ihm werden eigene Macht- und Herrschaftsansprüche »aufgebaut«, im Antisemitismus wird die Überlegenheit der eigenen »Rasse« verkündet.

Die Ziele des »Alldeutschen Verbandes« waren Machtpolitik, Stärkung der Wehrkraft, Kolonialpolitik und Expansion nach Osten. 1913 erschien in den »Alldeutschen Blättern« zum ersten Mal ein prononciert rassenantisemitischer Aufsatz von einem gewissen K. F. Wolff. Dieser erklärte u. a. wörtlich: »Die rassenbiologische Weltanschauung sagt uns, daß es Führerrassen und Folgerassen gibt. Die politische Geschichte ist nichts weiter als die Geschichte der Kämpfe zwischen den Führerrassen. Insbesondere sind Eroberungen stets ein Weg der Führerrassen. Solche Menschen können erobern, dürfen erobern, sollen erobern! Und sie sollen auch Herren sein, sich und den anderen zu Nutz und Frommen. Das gilt für die Neuzeit genausogut wie für das Altertum. Denn nicht Vernichtung, sondern Höherentwicklung bedeutet das Hereinbrechen einer hochgesinnten Edelrasse. Sie dient dem Herrn der Heerscharen, und was sie tut, ist ein Erlöserwerk« (*Fetscher* 1965, S. 27).

Manipulation der Macht

In diesen gesellschaftlichen Fehlentwicklungen zeigen sich in einem anderen Maße als in der Lebensgeschichte Hitlers die Voraussetzungen für den Nationalsozialismus. Dabei wird deutlich, daß es nicht nur und nicht so sehr um die Ich-Schwäche dieses Menschen geht in der Erklärung dessen, was geschehen ist, sondern auch und vor allem um die Zeit nach dem Ersten Weltkrieg, als der Antisemitismus einen »Nährboden« fand im verletzten Nationalgefühl, in der politischen Ratlosigkeit, in den Wirren der Inflation, in der Gefahr des Absinkens der unteren Mittelschicht, aus der sich der Nationalsozialismus wesentlich rekrutierte. Es besteht eine Affinität zwischen der individuellen Ich-Schwäche und der Schwäche einer Gesellschaft. Wie sich das Individuum an äußere Macht ausliefert, die es schädigt, so ist auch die Gesellschaft selbst in solcher Situation einer Macht ausgeliefert, die nicht ihren Interessen dient. Die »Machtergreifung« Hitlers war eine Ergreifung von Macht gegen die Menschen, gegen das Volk, gegen den Staat.
In diesem wie in allen autoritären gesellschaftlichen Systemen geht es um nichts anderes als um die Erhaltung von Macht. Jede Gesellschaft, insbesondere jede entwickelte Gesellschaft, hat ein Potential von Aggression. Dieses Potential steigt in Gesellschaften, in denen die Menschen unterdrückt werden, also vor allem in autoritären Gesellschaften. Herrschaft, Macht, die sich erhalten will, muß diese Aggressionen manipulieren. Sie muß, um selbst zu überleben, um Unterdrückung

fortsetzen zu können, Aggressionen ablenken, für sie Ventile schaffen. Dazu bedienen sich die Machthaber der Vorurteile: Sie schaffen und bezeichnen Haßobjekte. Hier zeigt sich so etwas wie eine Sozialpsychologie der Macht. Man kann geradezu Stufen der Steigerung des Aggressionspegels und der vorurteilshaften Stigmatisierung von Aggressionsobjekten ausmachen. Danach haben wir es in einer »normalen« gesellschaftlichen Situation mit einem mehr oder weniger latenten Aggressionspotential zu tun, dem auch eine mehr latente Vorurteilshaftigkeit entspricht, die freilich alles andere als harmlos ist. Sie kann sich relativ diffus gegen »Schwächere« im Straßenverkehr, im Betrieb, in der Familie, im Sport usw. äußern. Diese scheinbar »schlafenden Hunde« des Vorurteils werden in gesellschaftlichen Krisensituationen und unter der Absicht der Erhaltung von Herrschaft bewußt aufgehetzt. Die Strategie des Überlebens von Macht besteht in der Erfindung innerer und äußerer Feinde. Unter diesem Verständnis ist es nicht paradox, wenn man sagt, daß die Zahl der inneren und äußeren Feinde, die eine Gesellschaft sich »leistet«, oder besser gesagt, die sie »braucht«, ihre Schwäche, ihre Belastung, ihre Schädigung erkennen läßt.

Klaus Jürgen Gantzel hat in der Untersuchung »System und Akteur« den Aggressionspegel von Gesellschaften in Zusammenhang gebracht mit dem Kulturdruck und an Zahl und Art von Kriegen festgehalten, wann dieser Druck eine Entlastung durch nach außen gewandte Aktivität erforderte. Unter Kulturdruck versteht Gantzel spezifische Systembedingungen, »die hochindustrialisierten und schnell industrialisierenden Gesellschaften eigen ist.« Der Kulturdruck nach innen wendet sich leicht nach außen, als die Flucht vor dem dauernden und zermürbenden psychologischen Druck in die große, als befreiend empfundene Entladung des allgemeinen Krieges. Interessant ist die Liste der Angriffs- und Verteidigungskriege, welche die wichtigsten der »Kulturdruck-Nationen« zwischen 1816 bis 1965 geführt haben, wobei der Vietnam-Krieg nicht berücksichtigt ist.

	Angriffskriege	Verteidigungskriege
Italien	8	2
Frankreich	6	6
Preußen–Deutschland	5	1
Japan	5	2
Österreich–Ungarn	4	2
Rußland	4	6
USA	2	2
Großbritannien	2	3

Normalität der Schädigung

Unter dem Gesichtspunkt der gesellschaftlichen Herstellung von Vorurteilshaftigkeit erscheint auch die Vorurteilshaftigkeit des einzelnen in einem anderen Licht. Die Frage der Vorurteilshaftigkeit ist danach nicht nur eine Frage der »Intaktheit« des Individuums, sondern auch eine Frage der »Intaktheit« der Gesellschaft. Was Vorurteile sind, das bestimmt sich weitgehend von der Gesellschaft her. Einer aggressiven, einer schädigenden sozialen Umwelt gegenüber ist ein Verhalten richtig, das wir durchaus als vorurteilshaftes bezeichnen würden. Horkheimer, der auf dem Wege vom Institut für Sozialforschung zum Vorlesungsgebäude in Frankfurt dauernd die verkehrsreiche Senckenberganlage überqueren mußte, sagte damals: Wenn ich nicht das Vorurteil hätte, daß die Autofahrer es auf mein Leben abgesehen haben, wäre ich längst schon überfahren worden. Wer den Verkehr dort kennt, weiß um den Wahrheitsgehalt dieses Vorurteils. Und wie es im Straßenverkehr richtig ist, das »Vorurteil« zu haben, daß viele andere Verkehrsteilnehmer sich rücksichtslos, unberechenbar und bösartig verhalten, so ist das auch in allen anderen Bereichen unserer sozialen Wirklichkeit. Wenn eine Mutter ihren Kindern einschärft, gegen jeden Fremden mißtrauisch zu sein, nicht auf ihn zu hören, nichts von ihm anzunehmen, nicht mit ihm zu gehen, dann vermittelt sie zweifellos Vorurteile. Aber wer will ihr das ausreden nach allem, was vertrauensseligen Kindern geschieht? Und ein Mensch, der Werbung und Geschäftsangeboten unvoreingenommen gegenüberträte, würde schon vor seiner Wohnungstür Verträge abschließen, die ihn ruinieren, er würde auf »Kaffeefahrten« schamlos ausgenommen und in manchen Geschäften übers Ohr gehauen werden. In den USA, einem Land, in dem die Werbung besonders perfektioniert ist, hört man den vorurteilsvollen und beherzigenswerten Satz: Wenn dir jemand etwas schenken will, dann rufe sofort die Polizei.

In autoritären Gesellschaften, in denen die Menschen unterdrückt werden, werden vorurteilsvolle Menschen auch gebraucht als Komplizen und Helfer der Unterdrückung. In vielen Gesellschaften sind vorurteilsvolle Menschen durchaus die »erfolgreichen« Menschen, die aufsteigen, die Macht besitzen, die etwas »haben« von ihrem Leben. Das heißt, die individuelle und personale Schädigung, die Vorurteilshaftigkeit darstellt, geht durchaus nicht immer zu Protest über, sondern erscheint wirklichkeitsgerecht, man kommt mit ihr vorwärts. Das läßt die Frage aufkommen, wie weit die Entwicklung der Gesellschaft in weiten geschichtlichen Phasen und in vielen Kulturen nicht nur eine Entfaltung und Verstärkung der Individualität und Personalität darstellt, sondern auch ihre Einschränkung und Schädigung. Das ist auch ein wichtiger Aspekt der kulturellen Entwicklung überhaupt, der nicht übersehen werden darf. Kulturelle Entwicklung ist nicht nur die Gewinnung neuer menschlicher Dimensionen, sondern auch die Einschränkung und die Aufgabe von Erwartungen, Bedürfnissen und Trieben. Norbert Elias hat in seinem zweibändigen Werk »Über den Prozeß der Zivilisation« den Preis für die Zivilisation genannt, die in der Ritualisierung und Tabuisierung des Verhaltens besteht. Die psychische Struktur des modernen Menschen, die auch gestörte und vorurteilshafte Züge einschließt, ist nicht einfach Ausdruck der der Individualität zugrundeliegenden Substanz und Möglichkeiten, sondern vor allem auch Ausdruck kultureller, sozialer und politischer Befindlichkeiten. Diesen Vermittlungszusammenhängen hätte auch die Sozialpsychologie zu folgen.

Teil IV
Sozialpsychologie auf dem Prüfstand

Kapitel 10: Das Vorurteilssubjekt

Orientierung

Die für die Sozialpsychologie zentrale Frage der Subjekt-Objekt-Beziehungen wird am Phänomen von Projektionen auf das Objekt akzentuiert, wodurch vor allem das Vorurteilssubjekt zu charakterisieren ist. Zwanghafte Projektion wird an literarischen Beispielen verdeutlicht.
Folgende Kennzeichen des Vorurteilssubjektes treten hervor: (1) Das Vorurteilssubjekt ist auf das Vorurteilsobjekt fixiert. (2) Das Vorurteilssubjekt ist durch seine Fixierung gelähmt. (3) Das Vorurteilssubjekt gleicht sich das Vorurteilsobjekt an.
Die Selbstbehauptung der Verfolgten kann zu einer Veränderung des Vorurteilssubjektes führen. Dies wird am Beispiel von W. Faulkners »Griff in den Staub« gezeigt. Eine andere Chance für das Vorurteilssubjekt besteht in einer möglichen Identifikation mit den Vorurteilsbetroffenen. Dafür wird A. Millers »Brennpunkt« angeführt.
Aus der Analyse tritt hervor, daß die Subjekt-Objekt-Beziehungen des Vorurteilssubjektes durch Schwäche und Angst bestimmt sind.

Subjekt-Objekt-Beziehungen sind der zentrale Gegenstand der Sozialpsychologie. Viele andere Wissenschaften, vor allem die Naturwissenschaften, sehen hier keine Probleme. Die Objekte und das objektive Geschehen erscheinen unabhängig vom erkennenden Subjekt. Im Bereich der Sozialpsychologie ist das, was wir als Objekt bezeichnen, entscheidend durch das Subjekt bestimmt. Das Subjekt hat eigene Anteile am Objekt durch projizierende Besetzungen und Strukturierungen, die so weit überwiegen können, daß das Objekt vor allem ein veräußerlichtes Subjekt ist, das »Innen« des Subjekts, das aus sich herausgetreten ist. Umgekehrt ist das Subjekt in einem hohen Maße von seiner sozialen Umgebung bestimmt, also so etwas wie eine Verinnerlichung des Äußeren. Die Zusammenhänge von Subjekt und Objekt sind also außerordentlich vielfältig und komplex.
Im folgenden soll ein bestimmter Subjekt-Objekt-Zusammenhang ange-

sprochen und dargestellt werden, der sowohl für die Sozialpsychologie insgesamt als auch besonders für die Erforschung von Einstellungen und Vorurteilen wichtig ist. Es ist eine Subjekt-Objekt-Beziehung, die darin besteht, daß das Subjekt sich selbst in das Objekt projiziert. Dies ist die entscheidende Bestimmung des Vorurteilssubjektes, aber zugleich auch ein Kennzeichen des Subjektes, das wir nicht als vorurteilshaft bezeichnen. Beim Vorurteilssubjekt ist im Unterschied zur allgemeinen Projektion die Projektion pathologisch; der Vorurteilsvolle verfolgt in der eigenen Projektion sich selber.

Dem Ich, das im sinnleeren Abgrund seiner selbst versinkt, werden die Gegenstände zu Allegorien des Verderbens, in denen der Sinn des eigenen Sturzes beschlossen liegt (*Horkheimer/Adorno* 1947, S. 226).

Die Charakterisierung und Kennzeichnung des vorurteilsvollen Subjekts ist bisher weniger gelungen in speziellen wissenschaftlichen Untersuchungen als in einer reflektierenden Literatur, vor allem der Romanliteratur. Die größte Bedeutung hat dabei die amerikanische Literatur der Gegenwart gewonnen. Sie soll deshalb hier entsprechend herangezogen werden. Dabei mag zu erkennen sein, daß Literatur oft die »dichtere« Wirklichkeit erfaßt und in der Reflexion am redlichsten an der Wirklichkeit bleibt und deshalb auch die sinnvollsten Antworten geben kann.

Man kann als erstes Kennzeichen des vorurteilsvollen Subjektes seine Fixierung auf ein Vorurteilsobjekt sehen. Der Vorurteilsvolle insistiert auf Verfolgung. Deshalb braucht er den Verfolgten. Er sieht sich überall von Feinden umstellt. Er sucht sein Objekt auf, er klammert sich an es. Das wird deutlich etwa in »East River« von Sholem Asch, wo der Antisemit Mc Carthy darauf beharrt, in der 48. Straße in New York unter Juden zu wohnen, und sich ihnen geradezu aufdrängt, um dauernd die Objekte seines Hasses vor sich zu haben. Dieses Verhalten spricht auch Sartre an, wenn er von einem Menschen spricht, der sich über die Schamlosigkeit von Frauen empört, und seine Zeit in den öffentlichen Bädern verbringt, um diese Entrüstung dauernd reproduzieren zu können. Der Intolerante ist wie magisch angezogen vom Objekt, das er verfolgt. Er investiert alle seine Energie darin, dieses Objekt zu unterdrücken.

Aber genau in dem Maße ist das Vorurteilssubjekt gelähmt. Man kann als zweites Kennzeichen festhalten, daß das Vorurteilssubjekt sich selbst einen Stillstand seiner Entfaltung auferlegt. Es unternimmt nichts, um seine eigene Lage zu bessern, sondern tut alles, um das von ihm verfolgte Objekt ins Elend zu bringen oder im Elend zu halten. Damit betreibt der Vorurteilsvolle sein eigenes Elend. Ein beeindruckendes Beispiel dafür gibt William Faulkner in dem Buch »Die Unbesiegten«. Dort sind es die Zwillinge Theophilus und Amadeus, die aus dem wirtschaftlichen Niedergang des Landgutes ihrer Väter nicht die Konsequenz ziehen und in der Stadt bessere berufliche Chancen wahrnehmen. Sie beharren darauf, auf dem verfallenden Gut zu leben. Wichtiger als ihre eigenen Interessen sind ihnen die Beziehungen zum Objekt des Vorurteils und der Unterdrückung, zu den Negersklaven. Für die Erhaltung dieser Beziehungen der Herrschaft sind sie bereit, die Wirklichkeit in einer grotesken Posse zu verfälschen.

Sie lebten mit ungefähr einem Dutzend Hunden in einem zweizimmrigen Blockhaus und benutzten das Herrenhaus als Quartier für ihre Neger. Kein Fenster im Herrenhaus war mehr ganz, und ein Kind hätte alle Türen darin mit einer Haarnadel öffnen können, aber jeden Abend, wenn die Neger vom Feld zurückkamen, trieben Onkel Buck oder Onkel Buddy sie in das Haus und verschlossen die Vordertür mit einem Schlüssel von der Größe einer Reiterpistole; wahrscheinlich waren sie noch mit Abschließen beschäftigt, nachdem der letzte Neger sich längst durch die Hintertür wieder davongemacht hatte. Wie die Leute sagten, wußten Onkel Buck und Onkel Buddy das ganz genau, und auch die Neger wußten, daß die beiden es wußten; es war eine Art von Spiel mit bestimmten Regeln: Onkel Buck oder Onkel Buddy durften nicht um die Hausecke schielen, während der eine von ihnen die Tür verschloß, und kein Neger durfte so entweichen, daß er – selbst im Falle eines zufälligen Mißgeschicks – gesehen werden konnte, noch durfte jemand zu einer anderen Zeit verschwinden; es hieß sogar, daß jeder, dem es nicht gelang, aus dem Haus herauszukommen, während die Tür abgeschlossen wurde, es sich freiwillig bis zum nächsten Abend versagte (*Faulkner*).

Das dritte Kennzeichen für das Vorurteilssubjekt besteht darin, daß es das Objekt an sich angleicht. Der Intolerante projiziert sich in die Gruppe, die er verfolgt. Das Außen, das Objekt, ist in Wahrheit sein Innerstes, das er zum Objekt gemacht hat. Der Intolerante, der sich in den Verfolgten projiziert hat, findet nicht zurück zur Selbsterkenntnis.

Das zwanghaft projizierende Selbst kann nichts projizieren als das eigene Unglück, von dessen ihm selbst einwohnendem Grund es doch in seiner Reflexionslosigkeit abgeschnitten ist« (*Horkheimer/Adorno* 1947, S. 226).

Die Befreiung des Vorurteilssubjektes aus seiner eigenen Verblendung ist im Grunde nur durch das Vorurteilsobjekt möglich, wenn es ihm gelingt, sich in seinem Anderssein zu behaupten. Das ist dann eine Verfremdung für den Vorurteilsvollen, die sich als Anstoß zur Reflexion auswirken kann. Faulkner zeigt das an Negern, die sich gegen die Projektion behaupten können.

So dringen sie in das Leben der Weißen ein als jähe, stechende schwarze Tropfen, welche die Angelegenheit der Weißen für einen Augenblick in einer unwiderlegbaren Wahrheit isolieren wie unterm Mikroskop; sonst sind sie nichts als Stimme, die lacht, wo es nichts zu lachen gibt, und weint, wo kein Grund zum Weinen besteht (*Faulkner* S. 178).

Um dieses Anderssein als Anstoß zur Reflexion geht es in William Faulkners Roman »Griff in den Staub« (Intruder in the dust). Der sich als eigene Identität und damit für die Weißen als anderer bewahrende Schwarze sichert auch den Weißen die Wahrheit. Dem Schwarzen Lucas gelingt es, sich allen Versuchen gegenüber zu bewahren, ihn zum »Nigger« zu machen. Den Weißen ist das Urteil eigen, daß es vorzuziehen ist, wenn der Neger sich mit dem abfindet, was in den Augen der Weißen die Vorstellung von Neger ausmacht. Es ist ferner noch vorzuziehen, daß der Neger auch das Negative dieses Urteils schluckt, anstatt sich zum Positiven zu ändern. Lucas gelingt es, sich gegen diese Projektion zu wehren. Aber dann geschieht ein Mord, der den Schwarzen zugeschoben werden soll. Die Weißen wollen den Mörder nicht unter sich selbst suchen, sie wollen den Schwarzen zum Mörder machen und alles Böse auf ihn übertragen. Der getötete Weiße entstammt einer übel beleumundeten Sippe, die, nach der Kataster-Koordinate ihres Wohngebietes, »Kreis Vier« genannt wird. Die Weißen sind sogleich bereit, im Schwarzen den Mörder zu sehen, anstatt zu versuchen, den Mörder unter den Raufbolden und Betrügern in der Verwandtschaft des Ermordeten ausfindig zu machen, wo er auch steckt. Denn der vorbestrafte Mörder ist der Bruder des Ermordeten und ein Weißer. Aber der blinde Ablauf des intoleranten Verhaltens ist schon gestört. Den gesunden Kräften der Reflexion bei den Weißen entspricht die Selbstbehauptung des Negers, der nicht daran denkt, sich der Rolle zu unterwerfen, die ihm zugemutet wird. So ist sein ganzes Verhalten eine dauernde Beunruhigung der Weißen, ein Stachel ihrer Reflexion. Freilich versuchen die Weißen immer wieder, sich mit ihrer alten Vorstellung vom Neger zu beruhigen. Aber Lucas, der außerhalb des Bannkreises der Weißen bleibt, der die Freiheit und Wahrheit behalten hat, die sie verloren haben, zwingt die Weißen zur Anerkennung der Wahrheit, zur Reflexion und Einsicht ihres Unrechtes.
Die Verfremdung des Objektes kann auch dadurch geschehen, daß man selbst zur verfolgten Gruppe gerechnet wird. Dafür gibt es relativ viele literarische Darstellungen. In »Kingsblood Royal« von Sinclair Lewis entdeckt der Titelheld, der Vorurteile gegen Neger hat, bei einer Ahnenforschung, die er wegen seines vielversprechenden Namens »Königsblut« anstellt, daß unter seinen Vorfahren Neger sind. Nun muß er sich selbst und sein Kind als »Neger« sehen. Das zwingt ihn dazu, die Einstellungen aufzugeben, die er gegen Neger hatte.

Vergleichbare Zusammenhänge entfaltet Arthur Miller in »Brennpunkt« (Focus). Die Hauptfigur des Buches, Lawrence Newman, überwindet seinen Antisemitismus dadurch, daß er zwangsweise von seiner antisemitischen Umwelt an die verfolgte Gruppe angeglichen wird. Mit einer Brille, die er wegen seiner zunehmenden Kurzsichtigkeit tragen muß, sieht er aus wie ein Jude.

Er wird nun auch als Jude gesehen, und das zwingt ihn, seine bisherige »private Antipathie« gegen die Juden zu durchschauen als etwas, das er von sich auf andere übertragen hatte. »Für ihn hatte der Begriff Jude immer Schwindler bedeutet... War ein Jude arm, so schwindelte er größere Armut vor: war er reich, so stellte er sich noch reicher.« In Wahrheit ist »der« Jude eine Vorstellung, bei der er »ein selbstherrliches Machtgefühl« empfand, wenn er nur an diese Projektion dachte, die alles war, was er nicht sein wollte. Wenn er die Juden geizig nannte, dann war seine eigene Großzügigkeit schon durch die Tatsache bewiesen, daß er kein Jude war. Erwies sich ein Jude als freigiebig, dann rechtfertigte er damit seine Sparsamkeit. Als er der Frau gegenübersteht, die genau seinem geheimen Wunschbild einer Frau entspricht, das er sich selbst verbietet, sieht er sie sofort als Jüdin an. Die gleiche Frau, die für ihn ein Anblick der Lüge und Verstellung ist, kann im gleichen Augenblick ohne eine Veränderung der geliebteste Mensch sein. Es liegt nur an ihm, es liegt nur an seinem Sehen, welches Bild sich entfaltet. Steht er im Bannkreis der Intoleranz, so projiziert er das Bild der Lüge auf sein Gegenüber. Lawrence, der als vermeintlicher Jude nun die Projektionen des Vorurteils an sich selbst erfährt, kann sie nur dadurch überwinden, daß er diese Projektionen nicht nur von sich selbst abwehrt, sondern auch von den Juden. Seine individuelle Selbstbefreiung gelingt, als er sich mit den Juden als Verfolgter identifiziert und gemeinsam mit ihnen gegen Vorurteile kämpft, die ihm fälschlicherweise, aber auch den Juden fälschlicherweise zugeschrieben wurden.

In der vorgeblichen Gefahr, die das Vorurteilssubjekt im Objekt sieht, liegt bei der tatsächlichen Ohnmacht des Vorurteilsobjektes ein Widersinn. Sartre weist in seinen »Gedanken zur Judenfrage« auf diesen Widersinn hin, der den Juden, welcher in Frankreich oder Amerika Kaufmann oder Bankier ist, gleichzeitig zum Planer und Drahtzieher des Bolschewismus werden läßt und andererseits jeden armen Juden für den internationalen Kapitalismus verantwortlich macht. macht. Der Antisemit mutet den Juden lieber zu, daß sie wider ihre eigensten Interessen handeln, als daß er den Mut hat, die Wahrheit zu sehen.

Die Beziehungen des Vorurteilsubjekts zum Objekt ist bestimmt durch die Schwäche des Subjekts und die Angst, sich diese Schwäche bewußt zu machen.

Nun können wir den Antisemiten verstehen. Er ist ein Mensch, der Angst hat. Nicht vor den Juden, vor sich selbst, vor seiner Willensfreiheit, seinen Instinkten, seiner Verantwortung, vor der Einsamkeit und jeder Veränderung, vor der Welt und den Menschen, vor allen außer vor den Juden... Wenn er sich zum Antisemitismus bekennt, so nimmt er nicht einfach eine Meinung an, sondern begeht einen Akt der Selbstbestimmung... Das Gute soll für ihn fix und fertig, über jeden Zweifel erhaben, unantastbar sein, er wagt nicht, zu ihm aufzublicken, aus Angst, es am Ende bestreiten und nach einem anderen Guten forschen zu müssen. Der Jude dient hier nur als Vorwand; anderswo bedient man sich des Negers oder der Gelben. Seine Existenz ermöglicht es einfach dem Antisemiten, seine Ängste im Keime zu ersticken, indem er sich davon überzeugt, daß ihm sein Platz an der Sonne von je her reserviert war, daß er auf ihn wartete, und daß er das angestammte Recht hat, ihn einzunehmen. Der Antisemitismus ist, kurz gesagt, die Angst, Mensch zu sein. Der Antisemit will ein unerbitterlicher Felsen, ein reißender Sturzbach, ein verheerender Blitz – alles, nur kein Mensch sein (*Sartre* 1948, S. 35).

Kapitel 11: Vorurteilsobjekte

Orientierung

Vorurteile beziehen sich nicht auf einzelne Menschen, sondern auf Gruppen als die eigentlichen Vorurteilsobjekte. Sie stellen die betroffenen Menschen unter den Zwang sie übergreifender negativer Gruppenvorstellungen. Das Lähmende besteht für die Vorurteilsbetroffenen darin, daß sie ihrer Individualität beraubt sind. Dafür wird das literarische Beispiel eines Negers gebracht, der unter dem Bann seiner »Rasse« lebt.
Die Schädigung und Zerstörung der Identität der vom Vorurteil betroffenen Menschen tritt in folgenden Punkten hervor: (1) Die Betroffenen werden daran gehindert, sich als Individuen zu entfalten. (2) Ihre Eigengruppe wird diffamiert und deformiert. Die Identifikation mit ihr wird blockiert oder irregeleitet.

Vorurteile beziehen sich nicht auf Menschen als Individuen. Sie beziehen sich auf bestehende oder erfundene Gruppen, an denen die einzelnen Menschen »dingfest« gemacht werden, für die sie »haften« müssen. Dabei tritt oft eine eigenartige Unterscheidung zwischen den Individuen als konkrete Angehörige solcher Gruppen und diesen Gruppen in ihrer Abstraktheit auf. Sie äußert sich etwa darin, daß Antisemiten behaupten, gegen die einzelnen Juden hätten sie gar nichts, aber »die« Juden seien eine Gefahr für die Menschheit. In amerikanischen Studien ist als typisch die Einführungsfloskel »some of my best friends are Jews« (einige meiner besten Freunde sind Juden) aufgefallen für Sätze, in denen dann die Juden insgesamt verteufelt werden. Aber nur das zählt, was als Allgemeines behauptet wird; die Unterscheidung zwischen Individuum und Gruppe ist nicht echt.
Aus dem Beginn der nationalsozialistischen Herrschaft gibt es einen bitteren Judenwitz: Ein Deutscher wird gefragt, wieviele Juden es in Deutschland gebe. Er antwortet mit der zutreffenden Zahl 500 000. Darauf wird ihm gesagt, es gebe 50 Millionen Juden, was der Zahl der Deutschen insgesamt entsprach. Begründung: Denn jeder Deutsche kennt einen anständigen Juden.
Es hat den Antisemitismus nicht verhindert und den Juden nicht geholfen, daß jeder »anständige« Juden kannte. Genausowenig sind heute Vorurteile über Gastarbeiter vermindert, wenn man vom Arbeitskollegen Achmed, vom Nachbarn Dimitri und vom Klassenkameraden Mario spricht, solange man Vorurteile über »die« Türken, Griechen, Italiener usw. aufrechterhält. Wenn es ernst wird, sind diese Menschen

sofort wieder das, was sie für den Vorurteilsvollen immer schon waren: Itaker, Kümmeltürken usw.

Als Vorurteilsobjekt in eigentlichem Sinne sind Gruppen anzusprechen, wobei der einzelne dann für solche Gruppen steht, ohne daß seine Haltung einen Einfluß auf die Charakterisierung der Gruppen hat. Hier sind Unterschiede zu erkennen zwischen sozialen Beziehungen von Menschen untereinander, wie wir sie als normale Beziehungen erfahren, und zwischen vorurteilsvollen Beziehungen. Auch normalerweise sehen wir soziale Objekte nicht als reine Individuen, sonst könnten wir sie gar nicht wahrnehmen und Beziehungen zu ihnen aufnehmen, sondern wir sehen sie unter gruppenmäßigen Verallgemeinerungen. Wir sehen Menschen und haben Beziehungen zu ihnen als: Frauen, Männer, Kinder, Deutsche, Ausländer, Alte, Beamte, Studenten, Katholiken, Protestanten, Weiße, Farbige, Arbeiter, Obdachlose usw. Aber bei diesen gruppenmäßigen Bestimmungen ist es so, daß für die einzelnen Menschen, die wir unter solche Verallgemeinerungen stellen, ein individueller Spielraum besteht. Sie sind nicht ganz festgelegt durch die Gruppen, zu denen sie gezählt werden. Allein dadurch, daß sie normalerweise mehreren von diesen Gruppen gleichzeitig angehören, werden die Zuschreibungen für den einzelnen abgemildert bzw. differenziert. Und die Gruppen sprechen verallgemeinernd Charakteristika an, die für die Menschen zutreffen. Es sind also mehr oder weniger sinnvolle Verallgemeinerungen.

Anders ist es bei den Gruppenbegriffen, die vorurteilshaft gebildet werden. Hier kommt es nicht darauf an, wesentliche Züge zu verallgemeinern, also von der Wirklichkeit auszugehen. Das Absehen von der Wirklichkeit kann so weit gehen, daß ihnen überhaupt keine Wirklichkeit entspricht. Eine solche erfundene Gruppe sind etwa die Hexen. Gleichwohl besteht bei vorurteilsvollen Menschen eine auffallende Neigung und Bereitschaft, solche Angebote erfundener Gruppen als Objekte für Projektionen anzunehmen. Bei einer amerikanischen Befragung über die Eigenschaften der verschiedenen Völker, bei denen immer wieder deutliche Stereotype auftreten und sich vorurteilshafte Eigenschaftenprofile ergeben, wurde auch ein Name genannt, den es gar nicht gab: die Brodagianer. Und obwohl dieses Volk gar nicht existiert, sagten ihm in dieser Befragung viele Menschen negative Eigenschaften nach. Für die Einstellung zu fremden Völkern und Nationen läßt sich leicht, von der jeweiligen Eigengruppe aus gesehen, ein Vorurteilsschema erkennen. Für uns sieht dieses Schema so aus, daß wir im allgemeinen dazu neigen, Völker im Osten und im Süden negativ auszustatten, Völker des Westens und des Nordens eher positiv zu sehen.

Das vorurteilsvolle Gruppenobjekt wird, obwohl es nicht aus der

Wirklichkeit gewonnen ist, als Wirklichkeit schlechthin behandelt, und zwar als eine höhere Wirklichkeit als die, die an einzelnen Menschen zu erfahren ist. Wenn wir, um ein einfaches Beispiel zu nennen, Vorurteile gegen die Schotten haben, so haben wir die fast immer gewonnen ohne eigene Erfahrung, und wir sind auch nicht bereit, sie zu ändern, wenn wir Schotten kennenlernen. Im Gegenteil, wir blockieren mögliche Erfahrungen durch unser Vorurteil. Wir stellen alle Schotten unter den Bann des Vorurteils über »die« Schotten. Dieser Bann wirkt sich für die realen Vorurteilsobjekte, und das sind die einzelnen Menschen, lähmend aus.
Das eigentlich Lähmende besteht für den Vorurteilsbetroffenen darin, daß er sich in der Projektion des Vorurteils einem Allgemeinen gegenübersieht, das ihn zwingt, in jedem Augenblick sich seines Bezuges zu diesem Allgemeinen bewußt zu sein, seine Besonderheit aufzugeben in der Unterwerfung unter dieses Bild, oder auf ihr zu insistieren in der Auflehnung dagegen. Das Denken und Handeln des Verfolgten ist nicht mehr individuelles Handeln und Denken, sondern das Handeln und Denken eines Negers, eines Juden, eines Katholiken usw.
Den verzweifelten Versuch, sich aus dem Netz des Vorurteils zu befreien, stellt Ann Petry in dem Buch »Link und Camilo« (Hamburg 1955) dar. Link versucht, das Bild des Negers, des Niggers, abzuschütteln, aber er sieht, wie sehr er in das verstrickt ist, was die Weißen schon vor ihm über ihn »wissen«, und daß er als Individuum gegen das Bild von ihm als Neger wehrlos ist. Denn gerade auch dann, wenn sich der Verfolgte gegen das Bild der Intoleranten wehrt, in dem er aufgehen soll; wenn er etwa nicht der Nigger sein will, zu dem ihn die Weißen machen, als den ihn die Weißen sehen wollen; wenn er bewußt anders handelt, so handelt und denkt er nicht mehr als Einzelmensch, sondern als Neger. Im Bann der Intoleranz steht auch der Neger, der genau das Gegenteil von dem macht, was man von ihm als Nigger erwartet, weil er es nicht als Einzelmensch tut, sondern als Neger. Ein Neger, der tatsächlich badet, weil »der« Neger für schmutzig gilt, handelt gerade dabei als Neger und nicht als neutrales Individuum. So trägt schon der kleine Link das furchtbare Gewicht der »Rasse«, als er, zu einer bestimmten Rolle in einer Theateraufführung in seiner Schule eingeteilt, krank wird. Daß er zufällig krank ist und nicht mitspielen kann, ist keine persönliche Angelegenheit, sondern eine Aussage über seine Rasse, ein Beweis, daß man sich auf einen Schwarzen nicht verlassen kann. Ein Weißer kann krank werden, so daß die Aufführung verschoben werden muß, aber ein Neger kann es nicht, ohne zugleich alle Neger mit einer Schuld zu belasten.

»Du weißt, daß du uns die Aufführung verdorben hast. Wir konnten nicht spielen. Deinetwegen. Ich hätte es wissen sollen, daß du mich in letzter Minute im Stich lassen würdest.« Er wußte, was sie damit meinte. Mit der »Rasse« wußte er ziemlich genau Bescheid. Abbie schärfte ihm immer wieder ein, was er der »Rasse« wegen alles tun und was er nicht tun dürfe. Man mußte höflich sein; man mußte pünktlich sein; man durfte keine hellen Kleider, keine grellen Socken tragen; sogar bestimmte Gerichte waren verboten. Abbie sagte, sie äße für ihr Leben gern Wassermelonen, aber beinahe würde sie sich noch eher den rechten Arm abhacken als in einen Laden gehen und eine kaufen, weil die Farbigen so gerne Wassermelonen äßen. Niemals würde sie Goldbrassen kaufen, denn die Farbigen hätten eine Vorliebe für alle Fische mit hartem Fleisch, und Goldbrassen seien ihr Lieblingsgericht. Sie würde Fische nie braten, sie würde auch Huhn nie braten, denn bekanntlich äßen die Farbigen alles Gebratene besonders gern. Sie käme immer pünktlich, ja sogar weit vor der verabredeten Zeit, denn die Farbigen kämen immer zu spät, man könnte sich nie auf sie verlassen, sie hätten kein Verantwortungsgefühl. Das Besondere dabei war, daß es sich, wenn Abbie über die »Rasse« sprach, immer so anhörte, als sei sie nicht farbig, und dabei war sie es doch. Aus allen diesen Gründen hatte Miss Pause Dwight (seine Lehrerin) gewußt, daß er sie in letzter Minute im Stich lassen würde. Aber sie konnte das gar nicht gewußt haben. Er war krank gewesen, wirklich und wahrhaftig krank (*Petry* 1955, S. 175/176).

Das Gewicht, das jeder Neger zu tragen hat und das darin besteht, daß sich sein Tun nicht allein auf ihn bezieht, sondern immer auf alle Neger, lähmt den einzelnen. Er ist um seine Besonderheit betrogen, ob er sich dem Bild der Intoleranz unterwirft oder sich dagegen auflehnt.

Bill Hod ... hörte wortlos zu ... während Link von der Rasse erzählt, davon, wie er für alle anderen Angehörigen der »Rasse« verantwortlich sei, auch wenn er sie gar nicht kenne; er hielte das nicht mehr aus, er sei wie gelähmt davon, denn er wisse nie, ob er etwas tue, weil er, Link dazu Lust habe, oder ob er es wegen seiner unerwünschten Hautfarbe tue; daher wisse er auch gar nicht mehr, was er tue – er käme einfach nicht dagegen an (*Petry* 1955, S. 182).

Die Zerstörung der Identität des Vorurteilsbetroffenen geschieht durch den Bann des Vorurteils in doppelter Weise. Einmal ist er daran gehindert, Individualität zu entfalten. Zum anderen diffamiert und deformiert das Vorurteil die Gruppe, zu der der Vorurteilsbetroffene gehört. Das Vorurteil schädigt oder verhindert die Identifikation mit der Eigengruppe. Der Druck des Vorurteils kann so weit gehen, daß der Vorurteilsbetroffene sich selbst und seine Gruppe mit den Augen seiner Feinde sieht. Der Selbsthaß des Verfolgten zeigt den Grad innerer Zerstörung, den Vorurteile anrichten können. Es ist auch leicht zu erkennen und einzusehen, daß mit der Ablehnung der Eigengruppe Erziehung und Sozialisation schwer belastet sind.
Die Resignation des Verfolgten fällt bei folgendem Experiment auf, das vor längerer Zeit in den USA durchgeführt wurde. Man hatte farbigen Mädchen zwei Puppenstuben gezeigt. Die eine Puppenstube war ganz

neu und sehr schön eingerichtet, die andere alt und häßlich. Man gab den Mädchen zwei Puppen, eine weiße und eine schwarze, und sagte, sie sollten für die Puppen das Zuhause wählen. Die meisten Mädchen wählten für die Puppe, die ihre eigene schwarze Hautfarbe trug, die schlechte Puppenstube, und für die weiße Puppe die gute. Fast noch bedrückender ist eine andere Äußerung zur Ablehnung der eigenen Gruppe. In einer Schule für farbige Kinder in den USA hatte ein Lehrer nach dem Zweiten Weltkrieg die Frage gestellt, wie Hitler hätte bestraft werden sollen für seine Untaten, wenn man ihn gefangen hätte. Dazu meinten einige Schüler, er hätte es verdient, als Neger weiterleben zu müssen. Das war die Zeit, als viele Neger versuchten, ihrer Rasse, der Colour-bag, der Farbschranke zu entkommen durch möglichst helle Haut, glattes Haar, alle Attribute der Weißen, durch Selbstverleugnung und Überanpassung. So ist es auch in unserer Zeit mit manchen ausländischen Arbeitern, die Vorurteilen und Benachteiligungen zu entgehen trachten, indem sie immer »deutscher« werden, das heißt, ihre eigene kulturelle Identität aufgeben und verleugnen und »mit den Wölfen heulen«, wenn sie Vorurteile gegen ihre Landsleute und gegen Ausländer überhaupt annehmen.

Aber auch der Widerstand gegen die Diffamierung der Gruppe, die zum Vorurteilsobjekt gemacht wird, befreit noch nicht zu einer offenen Identifikation. Oft neigen die Vorurteilsbetroffenen dazu, ihre diffamierte Eigengruppe besonders positiv auszustatten. Das ist freilich eher so etwas wie eine Trotz- oder Verteidigungsreaktion als die Ermöglichung einer tragfähigen und wirklichkeitsbezogenen Gruppenidentität. So wurde mit der Devise: Onkel Tom ist tot, eine Beendigung der Unterwürfigkeit der Farbigen verkündet. Dieses Wort ist das Motto zu Richard Wrights Buch »Uncle Tom's Children«. Die neue Bestimmung der Eigengruppe stellte das Gegenbild der »Black Power« auf, was auch wieder Titel eines Buches von Wright ist. Aus diesem Versuch einer Gruppenbestimmung von Verfolgten stammt die bekannte These: Black is beautiful. Das ist aber keine Selbstbestimmung, sondern eine Affirmation, die sozusagen nur den Spieß umkehrt, nach dem vorher weiß schön und schwarz häßlich war. Das läßt sich wie eine Mode konsumgemäß vermarkten, was in den USA ja auch intensiv geschieht. Aber die Schädigung der Gruppenidentität durch das Vorurteil ist damit nicht aufgehoben oder überwunden. Das Vorurteil verfremdet die Gruppenidentität der Betroffenen, es deformiert sie. Richard Wright hat das in dem Schock erfahren, den er erlebte, als er nach Afrika ging, um dort seine Identität und die der amerikanischen Farbigen zu suchen und sie nicht fand, sondern erkennen mußte, daß das Vorurteil ihn in der Suche nach Identität auf falsche Bahnen gelenkt hatte.

Kapitel 12: Einstellungs- und Verhaltensänderungen

Orientierung

Das Erkenntnisinteresse der Sozialpsychologie ist vor allem auf Einstellungs- und Verhaltensänderungen gerichtet. Dies wirkt sich in Wirklichkeits- und Praxisnähe aus, kann zugleich aber auch in theoretische Kurzschlüssigkeit führen.
Die Handlungsorientierung fällt bei den verschiedenen, oft gegensätzlichen Theorien unterschiedlich aus. Solche unterschiedlichen praktischen Konsequenzen werden am Beispiel von vier Sozialisationstheorien angedeutet. Die Problematik läßt sich konkret und deutlich zeigen an dem Versuch, Methoden zur Überwindung von Vorurteilen zu entfalten. Das überträgt sich auch auf das Bemühen der Friedenserziehung, in dem die Frage kontrovers ist, ob man von einer individuellen oder einer organisierten Friedlosigkeit ausgehen muß.
Bei der Analyse der Praxis im Bemühen der Überwindung von Vorurteilen werden idealtypisch zwei Methoden untersucht und dargestellt: die Methode des Appells und die Methode der Information. Dabei zeigt sich, daß der Appell den Charakter einer Affirmation hat, der Vorurteile eher modifiziert als überwindet. Die Information hingegen entspricht offeneren Prozessen der Identifikation, in denen sich aus der Erfahrung des differenzierten Außen auch eine differenziertere Persönlichkeit entwickeln kann.

Sozialpsychologie hat sich bisher vor allem an »ärgerlichen Details«, an Störungen sozialer Beziehungen und an Fehlverläufen von Sozialisation und Identitätsbildung entfaltet. Die wesentlichen Bestimmungen des Menschen, seiner Entwicklung und sozialer Lebensformen erschienen als die Aufgabe und das Privileg anderer Wissenschaften, etwa der Philosophie, Psychologie und Biologie. Danach ist die Entwicklung der menschlichen Identität und Persönlichkeit ein »natürliches« Geschehen, und auch die sozialen und kulturellen Einflußfaktoren sind wesentlich von »Natur« bestimmt. In diesem Feld zwischen einer Natur des Menschen und einer Natur der Gesellschaft scheint die Sozialpsychologie bisher eher zuständig für Fehlverläufe und Abweichungen, für Ausfälle und Blockierungen. Sowohl von den Erwartungen an die Sozialpsychologie als auch zum Teil von ihrem Selbstverständnis her geht es hier nicht um Theorien hoher und höchster Reichweite, für die ihr Wissenschaftsbereich scheinbar ohnehin nur einen kargen Boden abgibt, sondern um Theorie nur insoweit, als sie den primären Aufgaben von »Kurskorrekturen« und »Pannenhilfen« dienen kann. Tatsächlich verfolgt Sozialpsychologie im weitesten Sinne therapeutische Absichten bei möglichst geringem, handlungsrelevanten und zum Handeln befähigenden theoretischen Aufwand. Die Resozialisation steht ihr sozusagen näher als die Sozialisation, die Überwindung von Vorurteilen näher als die Entwicklung von Einstellung und Verhalten. Freilich wirft »Re-sozialisation« die Frage auf, auf welche Sozialisation denn zurück (re) sozialisiert werden soll, und die Überwindung von Vorurteilen erfordert Aussagen darüber, wie sich Einstellungen überhaupt entwickeln. Hilfen für das Bemühen um Verhaltens- und Einstellungsänderungen sind notwendigerweise an die Erklärungsansätze für ihr Entstehen geknüpft. Wenn wir uns an die wichtigsten Theorieansätze für Sozialisation halten, wie sie in einem anderen Band dieser Reihe dargestellt sind (siehe *Müller* 1977), dann ergeben sich für die Praxis folgende unterschiedliche Ansätze:

(1) Unter der Bestimmung der *Lerntheorie,* daß Sozialisation ein Prozeß des Lernens ist, können Verhaltens- und Einstellungsänderungen durch Um-Lernen und durch Dazu-Lernen erzielt werden. Als Hauptfrage tritt dabei auf, wie solche Lernprozesse in Gang zu setzen und wirkungsvoll durchzuführen sind.

(2) Im Rahmen der *Rollentheorie* lassen sich Störungen und Schädigungen als das Nichtbewältigen von sozialen Rollen ansprechen. Daraus ergibt sich die Zielsetzung, den subjektiven Bedürfnis- und Interpretationsaspekt gegenüber dem objektiven Definitionsaspekt der Rolle zu verstärken, also etwa die Rollendistanz und Ambiguitätstoleranz.

(3) Das *psychoanalytische Erklärungsmodell* bietet bisher die besten Ansätze zur Überwindung von Störungen und Schädigungen der Sozialisation, weil es Sozialisation deutlich als einen ambivalenten Prozeß von Förderung und Schädigung anspricht. Hier werden z. B. zugleich mit der Entwicklung von Objektbeziehungen auch die Schädigungen so weit deutlich, daß sich daraus Folgerungen ziehen lassen.

(4) Soweit in der Erklärung von Sozialisation der Gesichtspunkt Gewicht gewinnt, daß sie determiniert wird von den sozialen und kulturellen Lebenszusammenhängen und also gruppen- und *schichtenspezifisch* verläuft, ergibt sich die Konsequenz, daß auch die Änderung des Sozialverhaltens im sozialen Kontext erfolgen muß.

Deutlicher wird die Schwierigkeit, tragfähige Ansätze für Einstellungs- und Verhaltensänderungen zu finden, bei dem konkreten Versuch, Vorurteile zu überwinden. Daß das eine wichtige Aufgabe überhaupt und für die Erziehung insbesondere ist, daran gibt es keinen Zweifel. Aber über die Methoden herrschen große Unklarheiten. Gewöhnlich bleibt die Praxis vage und naiv und hofft auf die alte Regel: *semper aliquid haeret* – es wird schon etwas hängenbleiben. Die Ratlosigkeit ist deshalb so groß, weil die unterschiedlichen Erklärungen von Vorurteilshaftigkeit natürlich auch unterschiedliche Ansätze zur Vorurteilsüberwindung nach sich ziehen. Wenn Vorurteile Ausdruck von Aggression sind, dann muß man der Aggression nachgehen und versuchen, sie abzubauen. Wenn Vorurteile auf Ich-Schwäche beruhen, dann gilt es, die Ichbildung zu sichern und zu verstärken. Wenn Vorurteile aus Unwissenheit kommen, dann ist Abhilfe durch Information, durch Kennenlernen und Erfahrung möglich. Wenn aber Vorurteile eine Sache des Kulturdruckes und der Inhumanität der Gesellschaft sind, dann ist sie nicht am Individuum zu kurieren, sondern dann muß die Gesellschaft menschlicher werden.

Die gleiche Situation ergibt sich für die Friedenserziehung, der es ja auch darum geht, Einstellungen und Verhaltensweisen zu ändern, die lange wie Naturgesetze gegolten haben: Der Krieg ist der Vater aller Dinge (Heraklit). Unter der heute für das Überleben der Menschheit geltenden Devise: Der Frieden ist der Ernstfall (Gustav Heinemann), ist die Frage nach dem Angelpunkt für die Friedenserziehung noch immer offen. Wo liegen die Anfänge des Unfriedens? Ist der Unfrieden etwas, was im kleinen entsteht und im großen endet? Es gibt ja genug Beispiele dafür, wie ein Streit ganz harmlos anfängt als Auseinandersetzung zwischen zwei Menschen, wie sich dann andere einmischen oder hineingezogen werden, und wie sich schließlich alles ausweitet zu einem großen »Flächenbrand«. Da wäre es doch am besten, man ließe es gar nicht erst so weit kommen. Das Rezept dieser Friedenserziehung besteht darin, die Schuld an den Kriegen bei den einzelnen Menschen zu suchen und folgende Reihenfolge einzuhalten. Wenn ein Mensch mit sich selbst in Frieden lebt, dann kann er auch mit seiner Familie in Frieden leben. Wenn Frieden in der Familie ist, dann kann auch Frieden im Ort sein. Frieden im Ort heißt Frieden im Land, und Frieden im Land sichert den Frieden in der Welt. Eine solche »Hinauflernübung« des Friedens wäre freilich völlig verfehlt, wenn wir es mit einer »organisierten Friedlosigkeit« (Senghaas) zu tun haben, in der die einzelnen gar nicht Subjekte des Geschehens, sondern nur Objekte sind.

Gegenüber den verschiedenen Theorieansätzen zu Einstellungs- und Verhaltensänderungen und zur Überwindung von Vorurteilen gibt es eine davon relativ unabhängige Praxis. Diese ist vor allem an den Bemühungen zur Überwindung von Vorurteilen zu erkennen: im Unterricht, in der außerschulischen Bildung, in der politischen Bildungsarbeit, in den Medien. Bei ihrer Analyse fällt auf, daß sich dabei unterschiedliche Methoden mischen und auch Gegensteuerungen zum Vorurteil auftreten, die selbst wieder vorurteilshaft sein können, wenn auch in eine »positive« Richtung. Dies soll in der Heraushebung der zwei wichtigsten erkennbaren Methoden geschehen.

Der Autor dieses Buches hat vor einer Reihe von Jahren empirische Untersuchungen angestellt und ein Unterrichtsexperiment durchgeführt zu Methoden der Überwindung von Vorurteilen (vgl. *Müller* 1967). Dabei ließen sich zwei Methoden unterscheiden, die tendenziell am stärksten verbreitet sind: die Methode des Appells und die Methode der Information.

Zur Methode des Appells

Appell als Methode heißt nicht, daß dabei keine Informationen vermittelt werden. Kennzeichnend hingegen für den Appell ist, daß alle Informationen mit einer bestimmten Tendenz ausgewählt und als Interpretationen auf die Absicht bezogen sind, welche die Auswahl leitet. Wesentlich ist eine vorausgehende Absicht. Der Horizont solcher im Bereich des Appells liegenden Absichten sind primär nicht objektive Erkenntnisse, sondern Orientierungen in der Eigengruppe. Das gilt freilich in einem bestimmten Maße für alle Methoden, nach denen Wissen erworben wird. Was die Methoden unter den Prinzipien des Appells und der Information unterscheidet, ist das Hervortreten entweder der Bereitschaft, objektiv differenzierte Erfahrungen zu machen und sich danach in der Integration an der Gesellschaft zu orientieren, d. h. diese differenziert und im offenen Horizont ablaufen zu lassen mit fortwährender Neuorientierung und Korrektur, oder aber das Hervortreten der Tendenz, die Vorgänge der eigenen und eindeutigen Anpassung und Behauptung in der Gesellschaft als die entscheidenden zu sehen, wobei Erkenntnisse in allen Bereichen genutzt werden, soweit sie den gewünschten Verlauf sozialer Prozesse bestätigen, unterstützen und beschleunigen. Die Sozialprozesse haben einen Einfluß auf Auswahl und Struktur der Informationen, darauf, daß sie eindeutig und wenig veränderlich sich darbieten, daß sie sich in Beschränkung und Konzentration organisieren in der Absicherung primärer gesellschaftlicher Vorgänge. Offenbar ist die Methode des Appells besonders dort erwünscht und erfolgreich, wo die Orientierungsvorgänge in der eigenen Gruppe und in der gesellschaftlichen Umwelt besonders schwierig sind oder erscheinen, und besonders schnell oder nachdrücklich geschehen sollen. Es sind Vorgänge, die als Druck empfunden werden, den man sich zu erleichtern trachtet. Zu erwarten sind solche Situationen besonders in Kindheit und Jugend, wo ja die Erreichung von sekundären Sozialhorizonten im Mittelpunkt steht, und dann bei gesellschaftlichen Wandlungsprozessen oder in Situationen wirtschaftlich-politisch-kultureller Depressionen, in denen Appelle besonders wirkungsvoll sind.

Wenn in der Jugend die Anpassung an eine entwickelte und differenzierte Gesellschaft als starker Druck erscheint, zumal wenn dieser Vorgang sich in möglichst kurzer Zeit abspielen soll, dann ist jede Vereinfachung der Umwelt auch eine Vereinfachung der inneren Anpassungsvorgänge. Eine besondere Erleichterung schwieriger Identifikationsvorgänge liegt darin, daß beim Appell alle Thesen die Zustimmung einer Gruppe finden, der eigenen Gruppe, daß mit einem dabei vermittelten Wissen auch die Bestätigung und Anerkennung von Autorität gegeben ist und dieses Bewußtsein der Anerkennung und Übereinstimmung mit der eigenen Gruppe wesentlich den Charakter des Ausweises der Zugehörigkeit hat. Es ist deutlich, daß eine solche Methode vorurteilshafte Verhaltensweisen und Einstellungen nicht grundsätzlich überwindet, sondern nur modifiziert. Diese Modifikation kann durchaus auch darin bestehen, daß aus negativen Vorurteilen positive gemacht werden. Wie das Buch »Onkel Toms Hütte« aus dem bösen Neger den guten Neger machte, mehr als eine Schlacht für die Sklavenbefreiung in den USA gewann und Generationen zu Tränen rührte, so ist auch eine Umkehr des Antisemitismus in Philosemitismus möglich, durch die Juden vor der Verfolgung befreit sind, nicht aber vom Bann eines Allgemeinbildes.
Hinter der Methode des Appells steht auch die Frage, wie weit der Mensch auf eine Affirmation und Vereinfachung angewiesen ist, die in Vorurteilshaftigkeit hineinreicht. Diese Tatsache spricht Mitscherlich so an:

In der dem Menschen arthaft gegebenen »Weltfremdheit« ist der Trost der Vorurteilsgewißheit für die lange Jugendzeit des einzelnen unentbehrlich ... Bei mildester Beurteilung läßt sich sagen, es sei mit den Vorurteilen wie mit spezifischen Drogen: in verträglichen Dosen erleichtern, in toxischen ruinieren sie das Leben dessen, der sich ihrer bedient ... Das jeweilige Vorurteil, an dem festgehalten wird, soll gegen Störungen aus der fremden Um- und Innenwelt absichern. Die Absicherung geschieht meistens nicht durch ein einzelnes Vorurteil, sondern durch ein Vorurteilsgeflecht. Seine Herkunft liegt in den Identifizierungsvorgängen, mit denen wir uns unserer Mitwelt anpassen ... Identifikationen sind unerläßlich zum Finden der eigenen Identität (*Mitscherlich* 1963, S. 368ff.).

Zur Methode der Information

Die Neigung zum Appell entspricht einer »Ansprechbarkeit«, die besonders stark bei jüngeren Schülern zu beobachten war. Ob dieses Bedürfnis mit der arthaft gegebenen »Weltfremdheit« zutreffend beschrieben ist, von der Mitscherlich spricht, muß bezweifelt werden. In einem hohen Maße handelt es sich hier um Bedürfnisse, die mit dem

Sozialisationsdruck steigen und mit denen die Schwächen des Ich gegenüber diesem Druck kompensiert werden sollen. Es sind auch Erziehungs- und Sozialisationsverläufe möglich, die offener und unter weniger Anpassungsdruck verlaufen. Hier tritt deutlicher und anhaltender ein Bedürfnis nach Information auf. Information differenziert die Wirklichkeit. Damit differenziert Information auch die Entwicklung der eigenen Persönlichkeit, soweit das Ich fähig und stark genug ist, Informationen zu verarbeiten. Sonst wirkt sich diese Methode als »Reizüberflutung« aus. Die Schwelle für die Fähigkeit zu Auseinandersetzung und Information ist unterschiedlich. Es kommt deshalb bei der Methode der Information nicht auf den Umfang der Information an, sondern darauf an, daß damit eine Auseinandersetzung mit der Realität geleistet wird. Wertungen werden bei der Methode der Information nicht angeboten und akzeptiert im Schonraum einer vereinfachten und verkürzten Wirklichkeit, die den Charakter des Vorurteils hat, sondern das Kraftfeld sozialer Spannung und sozialen Wandels ist voll wirksam, d.h. im Bewußtsein dessen, der um sein Selbstbewußtsein bemüht ist. Was die Auseinandersetzung mit einer uneingeschränkten Information für Orientierung und Selbstbehauptung so schwer macht und die Gefahr der Resignation und des Verzichtes heraufbeschwört, überhaupt ein Bild zu gewinnen, ist folgendes: Bei einer objektiven Entgrenzung der Information ist ein endgültiges und gesichertes Wissen nicht zu erlangen. Es geht bei der Methode der Information nicht um endgültiges »Wissen«, das im sozialen Bereich vorurteilshaft ist, sondern um einen Prozeß der Entwicklung von Wissen, das offen und lernfähig bleibt.

Im Rahmen der angesprochenen Untersuchung war in den Klassen zu beobachten, daß bei dieser Methode die Aktivität der Schüler im Vordergrund stand. Gegensätzliche Meinungen traten auf und wurden nicht verwischt. Die Schüler bestimmten stärker den Verlauf des Unterrichts und die einzuschlagenden Wege. Die Klassen blieben in ihren Meinungen mehr oder weniger geteilt und versuchten, die verschiedenen Aspekte abzuwägen. Dabei modifizierten sich extreme Einstellungen. Die neuen Erkenntnisse und Einstellungen hatten mehr Gewicht als die durch den Appell hervorgerufenen. Zu verzeichnen waren auch sprachliche Bereicherungen. Während beim Appell die Schüler mit einem relativ geringen sprachlichen Aufwand auskommen, müssen sie bei der Methode der Information differenzierte neue Situationen sprachlich bewältigen. Hier liegt eine zusätzliche Möglichkeit des Abbaus von Stereotypen und Vorurteilen, da sprachliche Klischees aufgegeben werden.

Freilich beruhen alle Ansätze zur Verhaltensänderung und insbesondere zur Überwindung von Vorurteilen mehr oder weniger auf der Annahme, daß es vor allem darum gehe, überhaupt etwas zu unternehmen, wobei man darauf vertraut, daß »immer etwas hängenbleibt«. Diese Tendenz verführt zum Verzicht darauf, sich den »Anstrengungen von Theorie« und empirischen Überprüfungen zu unterwerfen. Das liegt nicht zuletzt auch an Schwächen der Theorie. Kurzschlüssige Erklärungshorizonte bedingen auch kurzschlüssige Handlungshorizonte Vorurteile und negativ gesehene Einstellungen erscheinen als Unarten, als Versagen, als Defizite von einzelnen. Hier ist ein Wandel nötig, für den sich in jüngerer Zeit die erkenntnismäßigen Voraussetzungen bilden. Danach bestimmen sich Vorurteile und Einstellungen als komplexes Geschehen in lebensgeschichtlichen und gesellschaftlich vermittelten Zusammenhängen, in denen sich Einschränkungen, Belastungen und Schädigungen von Individuen ausdrücken. Überwindung von Vorurteilen und Verhaltensänderungen stellen deshalb stärker als früher die Aufgabe, den Individuen zu helfen, ihre Identität und ihre Beziehungen zur Umwelt stärker zu entfalten, anstatt affirmativ bestimmte neue Verhaltensweisen zu trainieren.

Systematische Literaturhinweise

Orientierung

Der Literaturteil hat wichtige Aufgaben. Die Literaturhinweise sollten in drei Phasen der Arbeit mit diesem Band ausführlich genutzt werden.
Für die erste Phase der Auseinandersetzungen mit Phänomenen der Sozialpsychologie wollen die Literaturhinweise dazu beitragen, die eigene Motivation und Position zu verstärken. Wer sich der Sozialpsychologie zuwendet, bringt immer schon eigene Erfahrungen, eigenes Bewußtsein und eigene Interessen mit. Es gilt, diesen »subjektiven« Anteil zu verstärken gegenüber der »objektiven« Wirklichkeitsdefinition und Theorieentfaltung. Deshalb ist es durchaus sinnvoll, gleich den Themenbereich auszusuchen und die Bücher zu lesen, die dem eigenen Interesse entsprechen.
Während der mittleren Phase der Arbeit mit dem Buch dient das Literaturverzeichnis dazu, die Verdeutlichung und Entfaltung, Nachprüfung und Differenzierung von Ausführungen und Darstellungen zu ermöglichen, die im Text nur kurz und mit der Gefahr der Einseitigkeit und Mißverständlichkeit gegeben werden können.
In der letzten Phase der Arbeit will der Literaturteil Hilfen für das Weiterstudium geben. Dabei ist das Buch in gewissem Sinne als Zugang zur Literatur zu betrachten. Und umgekehrt: Als »Einführung in die Sozialpsychologie« ist das Buch mit dem besten Gewinn dann zu lesen, wenn man sich vorher wenigstens in einem Themenkreis stärker mit der Literatur befaßt hat. Dann ist der vorliegende Band Einführung, Repetitorium und Anlaß zu kritischer Auseinandersetzung zugleich.
Der Literaturteil ist in Themenbereiche gegliedert, die wesentlich den Kapiteln des Buches entsprechen. Die Literaturauswahl bemüht sich um eine mögliche Ausgewogenheit und Selbständigkeit der einzelnen Bereiche, indem sie verschiedene »Richtungen« aufnimmt. Sie stellt aktuelle Bücher in den Vordergrund, die entweder auf Fragen eingehen, die gegenwärtig dem Problembewußtsein und der Erfahrung sozialer Wirklichkeit entsprechen oder neuere Schritte in der Entfaltung von Theorie bieten. Wichtige »ältere« Schriften werden angeführt, um erste theoretische Strukturen erfahrbar zu machen, auf die sich die weitere Entwicklung bezieht.

(a) Sozialpsychologie – zur Entwicklung und Problematik einer Wissenschaft

Adorno, Th. W.: Eingriffe – Neun kritische Modelle, Frankfurt 1963
Adorno, Th. W.: Stichworte – Kritische Modelle 2, Frankfurt 1969
Adorno, Th. W. u. a.: Der Positivismusstreit in der deutschen Soziologie, Neuwied 1969
Adorno, Th. W. u. a.: Kritische Psychologie, Bochum 1970
Affemann, R.: Krank an der Gesellschaft, München 1975
Albert, H. (Hrsg.): Theorie und Realität, Tübingen 1972
Anastasi, A.: Angewandte Psychologie, Weinheim ²1976
Anastasi, A.: Differenzielle Psychologie, 2 Bde., Weinheim 1976
Bachmann, C. H. (Hrsg.): Psychoanalyse und Verhaltenstherapie, Frankfurt 1972
Backman, C. W./Secord, F.: Sozialpsychologie der Schule, Weinheim ²1973
Bell, D.: Die nachindustrielle Gesellschaft, Frankfurt ²1976
Bellebaum, A.: Handlungswert der Soziologie, Meisenheim 1977
Berger, P. L./Berger, B.: Wir und die Gesellschaft, Hamburg 1976
Berger, P. L./Berger, B./Kellner, H.: Das Unbehagen in der Modernität, Frankfurt 1975
Bergius, R.: Sozialpsychologie, Hamburg 1976
Berkowitz, L.: Grundriß der Sozialpsychologie, München 1976
Bintig, A. u. a.: Kritische Einführung in die Sozialpsychologie, Weinheim 1976
Claessens, D.: Rolle und Macht, München ³1975
Dahrendorf, R.: Pfade aus Utopia, München 1967
Danziger, K.: Sozialisation, Düsseldorf 1974
Eberlein, G./Pieper, R. (Hrsg.): Psychologie – Wissenschaft ohne Gegenstand? Frankfurt 1976
Eichner/Frank/Habermehl (Hrsg.): Probleme der Erklärung sozialen Verhaltens, Meisenheim 1977
Elias, N.: Über den Prozeß der Zivilisation, 2 Bde., Frankfurt 1976
Freud, S.: Massenpsychologie und Ich-Analyse – Die Zukunft einer Illusion, Frankfurt 1967
Freud, S.: Abriß der Psychoanalyse – Das Unbehagen in der Kultur, Frankfurt 1953
Fromm, E.: Analytische Sozialpsychologie und Gesellschafts-Theorie, Frankfurt 1970
Fromm, E.: Haben oder Sein – Die seelischen Grundlagen einer neuen Gesellschaft, Stuttgart 1976
Gadamer, H. G.: Wahrheit und Methode, Tübingen ²1965

Gerhard, W.: Psychoanalyse und Sozialisationstheorie, Frankfurt 1977
Habermas, J.: Erkenntnis und Interesse, Frankfurt 1968
Habermas, J.: Zur Rekonstruktion des historischen Materialismus, Frankfurt 1976
Hebb, D. O.: Einführung in die moderne Psychologie, Weinheim [8]1975
Hochkeppel, W. (Hrsg.): Soziologie zwischen Theorie und Empirie, München 1970
Hochkeppel, W.: Mythos Philosophie, Hamburg 1976
Hofstätter, P. R.: Sozialpsychologie, Berlin [5]1973
Hofstätter, P. R. (Hrsg.): Psychologie, Frankfurt 1973
Holzkamp-Osterkamp, U.: Grundlagen der psychologischen Motivationsforschung, Band 1, Frankfurt 1975/Band 2, Frankfurt 1976
Hondrich, K. O.: Menschliche Bedürfnisse und soziale Steuerung, Hamburg 1975
Horkheimer, M./Adorno Th. W.: Dialektik der Aufklärung, Amsterdam 1947 und Frankfurt 1971
Horkheimer, M.: Traditionelle und kritische Theorie, Frankfurt 1968
Horkheimer, M.: Gesellschaft im Übergang, Kronberg 1972
Horkheimer, M.: Sozialpsychologische Studien, Kronberg 1972
Horkheimer, M.: Zur Kritik der Instrumentellen Vernunft, Kronberg 1974
Hülsmann, H.: Historischer Materialismus und Dialektik – oder: Theorie und Sozialität – Zur Genese eines sozialen Subjektes von Theorie, Meisenheim 1977
Institut für Sozialforschung (Hrsg.): Soziologische Exkurse, Frankfurt 1956
Jay, M.: Dialektische Phantasie – Die Geschichte der Frankfurter Schule und des Instituts für Sozialforschung 1923–1950, Frankfurt 1976
Joas, H.: Die gegenwärtige Lage der soziologischen Rollentheorie, Frankfurt 1973
Kiss, G.: Einführung in die soziologischen Theorien I, Opladen 1974
Kiss, G.: Einführung in die soziologischen Theorien II, Opladen [2]1975
Kleber, E. W.: Abriß der Entwicklungspsychologie, Weinheim [2]1976
Klein, M.: Die Psychoanalyse des Kindes, München 1973
Kohnt, H.: Die Zukunft der Psychoanalyse, Frankfurt 1975
Krings/Baumgartner/Wild (Hrsg.): Handbuch philosophischer Grundbegriffe, 6 Bde. München 1973–1974
Leclaire, S.: Das Reale entlarven. Das Objekt in der Psychoanalyse, Olten 1976
Leithäuser, Th.: Formen des Alltagsbewußtseins, Frankfurt 1976
Lefebre, H.: Kritik des Alltagslebens, Kronberg 1977
Lepenies, W.: Das Ende der Naturgeschichte, München 1976

Lindgren, H. C.: Einführung in die Sozialpsychologie, Weinheim ²1974
Lorenzer, A.: Zur Begründung einer materialistischen Sozialisationstheorie, Frankfurt 1972
Mann, L.: Sozialpsychologie, Weinheim ³1974
Maurer, R.: Revolution und Kehre, Frankfurt 1975
Mertens, W.: Erziehung zur Konfliktfähigkeit, München 1974
Mitscherlich, A.: Massenpsychologie ohne Ressentiment. Sozialpsychologische Betrachtungen, Frankfurt 1972
Mitscherlich, A.: Toleranz. Überprüfung eines Begriffs, Frankfurt 1974
Mitscherlich, A.: Der Kampf um das Erinnern, München 1975
Mönks, F. J./Knoers, A. M.: Entwicklungspsychologie, Stuttgart 1976
Ottomeyer, K.: Ökonomische Zwänge und menschliche Beziehungen, Hamburg 1977
Panahi, B.: Beziehungen zwischen Psychoanalyse und Sozialwissenschaften, Kronberg 1977
Psychoanalyse als Sozialwissenschaft, von Lorenzer/Dahmer/Horn/Brede/Schwanenberg, Frankfurt 1971
Psychoanalyse und Marxismus, hrsg. v. Sandkühler u. a., Frankfurt 1970
Rattner, J.: Neue Psychoanalyse und intensive Psychotherapie, Frankfurt 1974
Ricœur, P.: Hermeneutik und Psychoanalyse, München 1974
Ritsert, J. (Hrsg.): Gründe und Ursachen gesellschaftlichen Handelns, Frankfurt 1975
Schalmey, P.: Die Bewährung psychoanalytischer Hypothesen, Kronberg 1977
Schneider, M.: Neurose und Klassenkampf, Hamburg 1973
Schmidt/Brunner/Schmidt-Mummendey: Soziale Einstellungen, München 1975
Schülein, J. A.: Das Gesellschaftsbild der Freudschen Theorie, Frankfurt 1975
Schulte, G.: Das Auge der Uranie, Frankfurt 1976
Schurig, V.: Naturgeschichte des Psychischen, 2 Bde., Frankfurt 1975
Schurig, V.: Die Entstehung des Bewußtseins, Frankfurt 1976
Treppenhauer, A.: Emanzipatorische Psychologie, Frankfurt 1976
Wellmer, A.: Kritische Gesellschaftstheorie und Positivismus, Frankfurt ²1969
Wellhöfer, P.: Grundstudium Sozialpsychologie, Bern 1975
Wurm, W.: Abschaffung der Soziologie? Darmstadt 1974
Zahn, L.: Die letzte Epoche der Philosophie, Stuttgart 1976

(b) Menschliche Identität im lebensgeschichtlichen Zusammenhang (Akzent: Weibliche Identität)

Auwärter/Kirsch/Schröter (Hrsg.): Seminar: Kommunikation, Interaktion, Identität, Frankfurt 1976

Beauvoir, S. de: Das andere Geschlecht, Hamburg 1968

Belotti, E. G.: Was geschieht mit kleinen Mädchen? München 1975

Bilden, H.: Das unhistorische Subjekt, Weinheim 1977

Bingemer/Meistermann-Seeger/Neubert: Leben als Gastarbeiter. Geglückte und mißglückte Integration, Köln 1970

Bönner, K. H. (Hrsg.): Die Geschlechterrolle, München 1973

Bornemann, E.: Das Patriarchat, Frankfurt 1973

Brandt/Kootz/Steppke: Zur Frauenfrage im Kapitalismus, Frankfurt 1973

Breuer, L.: Frauenhandbuch Nr. 1, Berlin 1974

Cattell, R. B.: Die empirische Erforschung der Persönlichkeit, Weinheim 1977

Chasseguet-Smirgel, J.: Psychoanalyse der weiblichen Sexualität, Frankfurt 1974

Chesler, Ph.: Frauen – das verrückte Geschlecht? Hamburg 1974

Engels, F.: Der Ursprung der Familie, Berlin 1953

Erikson, E. H.: Kindheit und Gesellschaft, Stuttgart ^{5}1974

Erikson, E. H.: Identität und Lebenszyklus, Frankfurt 1966

Erikson, E. H.: Dimensionen einer neuen Identität, Frankfurt 1975

Erikson, E. H.: Lebensgeschichte und historischer Augenblick, Frankfurt 1976

Erler, U.: Zerstörung und Selbstzerstörung der Frau, Stuttgart 1977

Fend, H.: Sozialisierung und Erziehung, Weinheim ^{6}1973

Fend, H.: Konformität und Selbstbestimmung, Weinheim ^{2}1973

Fénelon, F.: Über Mädchenerziehung, Bochum o. J.

Firestone, S.: Frauenbefreiung und sexuelle Revolution, Frankfurt 1975

Fischer/Lehmann/Stoffl: Gewalt gegen Frauen, Köln 1977

Frauenselbstverlag (Hrsg.): Hexengeflüster, Berlin 1975

Freud, S.: Abriß der Psychoanalyse. Das Unbehagen in der Kultur, Frankfurt 1953

Freud, S.: Massenpsychologie und Ich-Analyse. Die Zukunft der Illusion, Frankfurt 1967

Friedan, B.: Der Weiblichkeitswahn, Hamburg 1971

Friedan, B.: Das hat mein Leben verändert, Hamburg 1977

Fürstenau, P.: Soziologie der Kindheit, Heidelberg 1967

Geulen, D.: Das vergesellschaftliche Subjekt, Frankfurt 1977

Gipser, S.: Mädchenkriminalität, München 1975

Glasser, W.: Identität und Gesellschaft, Weinheim 1974
Goffmann, E.: Stigma. Über Techniken der Bewältigung beschädigter Identität, Frankfurt 1975
Greer, G.: Der weibliche Eunuch, Frankfurt 1974
Griese, M.: Soziologische Anthropologie und Sozialisationstheorie, Weinheim 1975
Grunberger, B.: Vom Narzißmus zum Subjekt, Frankfurt 1976
Guilford, J. P.: Persönlichkeit, Weinheim ^{6}1974
Gumperz, J. J.: Sprache, Lokale Kultur und soziale Identität, Düsseldorf 1976
Hartmann, H.: Ich-Psychologie, Stuttgart 1972
Hartmann, H.: Ich-Psychologie und Anpassungsproblem, Stuttgart ^{3}1975
Holzinger/Mende: Wider die Sklavenreproduktion, Starnberg 1972
Honegger, C./Brackert, H.: Der europäische Hexenwahn, Stuttgart 1976
Jakobsen, E.: Das Selbst und die Welt der Objekte, Frankfurt 1973
Jouhy, E.: Das programmierte Ich, München 1973
Krechel, U.: Selbsterfahrung und Fremdbestimmung, Berichte aus der Neuen Frauenbewegung, Darmstadt 1975
Krappmann, L.: Soziologische Dimension der Identität, Stuttgart ^{4}1975
Kursbuch 17: Frau, Familie, Gesellschaft, Frankfurt 1969
Kursbuch 35: Verkehrsformen 1 – Frauen, Männer, Linke, Berlin 1974
Kursbuch 47: Frauen, Berlin 1977
Levita, D. J. de: Der Begriff der Identität, Frankfurt 1971
zur Lippe, R.: Bürgerliche Subjektivität: Autonomie als Selbstzerstörung, Frankfurt 1976
Lorenzer, A.: Zur Begründung einer materialistischen Sozialisationstheorie, Frankfurt 1972
Matza, D.: Abweichendes Verhalten, Heidelberg 1976
Menschick, J.: Gleichberechtigung oder Emanzipation, Frankfurt 1971
Millett, K.: Sexus und Herrschaft, München 1969
Mitchell: Psychoanalyse und Feminismus, Frankfurt 1976
Müller, H. (Hrsg.): Ausländerkinder in deutschen Schulen, Stuttgart 1974
Myrdal, A./Klein, V.: Die Doppelrolle der Frau in Familie und Beruf, Köln 1956
Nichols, J.: Men's Lib. Die Emanzipation des Mannes, Düsseldorf 1976
Orban, P.: Subjektivität, Wiesbaden 1976
Piechotta-Metzger, J./Piechotta, H. J.: Die Frau, 2 Bde., Weinheim 1975
Prokop, U.: Weiblicher Lebenszusammenhang – Von der Beschränktheit der Strategien und der Unangemessenheit der Wünsche, Frankfurt 1976

Pross, H.: Die Wirklichkeit der Hausfrau, Hamburg 1975
Richter, H. E.: Eltern, Kind, Neurose, Stuttgart ^{3}1972
Richter, H. J.: Verhaltensbeeinflussung im sozialen Feld, Stuttgart 1976
Riesman, D.: Die einsame Masse, Hamburg 1958
Rohr, C.: Verhaltensveränderung, München 1972
Runge, E.: Frauen – Versuche zur Emanzipation, Frankfurt 1969
Scheu, U.: Wir werden nicht als Mädchen geboren, wir werden dazu gemacht, Frankfurt 1977
Schmidt, H. D. u. a.: Frauenfeindlichkeit, München 1976
Schorb, B.: Leistung und Sozialisation, München 1976
Schrader, A. u. a.: Die Zweite Generation – Sozialisation und Akkulturation ausländischer Kinder in der Bundesrepublik, Kronberg 1976
Schwarzer, A.: Der kleine Unterschied und seine großen Folgen, Frankfurt 1975
Sherfy, M. J.: Die Potenz der Frau, Köln 1974
Stefan, V.: Häutungen, München 1975
Strauss, A. L.: Spiegel und Masken. Die Suche nach Identität, Frankfurt 1976
Triandis, H. C.: Einstellungen und Einstellungsänderungen, Weinheim 1975
Tornieporth, G.: Studien zur Frauenbildung, Weinheim 1977
Vilar, E.: Das Ende der Dressur, München 1977
Wacker, A. (Hrsg.): Die Entwicklung des Gesellschaftsverständnisses bei Kindern, Frankfurt 1976
Weinert, F. E u. a.: Pädagogische Psychologie, Frankfurt 1974
Wellendorf, F.: Schulische Sozialisation und Identität, Weinheim ^{3}1975
Windhoff-Heritier, A.: Sind Frauen so, wie Freud sie sah?, Hamburg 1976
Wing, J. K.: Frühkindlicher Autismus, Weinheim 1973
Wurzbacher, G.: Sozialisation und Personalisation, Stuttgart 1974
Zinnecker, J.: Emanzipation der Frau und Schulausbildung, Weinheim ^{2}1974
Zinnecker, J.: Sozialgeschichte der Mädchenbildung, Weinheim 1973

(c) Gruppe und Gruppenprozesse (Akzent: Familie und Schule)

Backmann, C. W./Secord, P. F.: Sozialpsychologie der Schule, Weinheim ^{2}1973
b : e. Familienerziehung, Sozialschicht und Schulerfolg, Weinheim ^{5}1976
Brede, K. u. a.: Soziologie für die Schule, Freiburg 1973

Caesar, B.: Autorität in der Familie, Hamburg 1972
Claessens, D.: Familie und Wertsystem, Berlin ^{2}1967
Claessens, D./Milhoffer, P. (Hrsg.): Familiensoziologie, Frankfurt 1973
Engelmayer, O.: Das Soziogramm in der modernen Schule, München ^{7}1974
Fend, H.: Sozialisierung und Erziehung, Weinheim ^{8}1976
Fürstenau, P.: Soziologie der Kindheit, Heidelberg 1967
Gordon, Th.: Familienkonferenz, Hamburg ^{6}1975
Griese, H. M.: Sozialwissenschaftliche Jugendtheorien, Weinheim 1977
Hurrelmann, K. (Hrsg.): Soziologie der Erziehung, Weinheim 1974
Grüneisen, V./Hoff, E. H.: Familienerziehung und Lebenssituation, Weinheim 1977
Heintz, P.: Soziologie der Schule, Opladen ^{9}1971
Hofstätter, P. R.: Gruppendynamik, Hamburg 1957
Homans, G. C.: Elementarformen sozialen Verhaltens, Opladen ^{2}1972
Homans, G. C.: Grundfragen soziologischer Theorie, Opladen 1972
Homans, G. C.: Theorie der sozialen Gruppe, Opladen ^{6}1972
Homme, L., u. a.: Verhaltensmodifikation in der Schulklasse, Weinheim ^{2}1976
Hurlock, E. B.: Die Entwicklung des Kindes, Weinheim ^{3}1970
Hurlock, E. B.: Die Entwicklung der Persönlichkeit, 2 Bde., Weinheim 1977
Krüger, H. P.: Soziometrie in der Schule, Weinheim 1976
Kursbuch 37: Verkehrsformen II: Emanzipation in der Gruppe und die »Kosten« der Solidarität, Berlin 1974
MacIver, R. M., u. a.: Zivilisation und Gruppenbeziehungen, Berlin 1951
Meyer, E.: Sozialerziehung und Gruppenexperiment, Stuttgart 1963
Milhoffer, P.: Familie und Klasse, Frankfurt 1973
Mollenhauer/Brumlik/Wudtke: Die Familenerziehung, München 1975
Mühlfeld, C.: Familiensoziologie, Hamburg 1976
Neidhardt, F. (Hrsg.): Frühkindliche Sozialisation, Bern 1975
Oevermann, U.: Familiale Kommunikationsstrukturen, Frankfurt 1976
Popitz, H.: Prozesse der Machtbildung, Tübingen 1968
Quiske, F. H./Skirl, St. S./Spieß, G.: Arbeit im Team, Frankfurt 1975
Richter, H. E.: Eltern, Kind, Neurose, Hamburg 1969
Rolff, H. G.: Sozialisation und Auslese durch die Schule, Heidelberg 1969
Rosenbaum, H. (Hrsg.): Familie und Gesellschaftsstruktur, Frankfurt 1974
Schwäbisch, L./Siems, M.: Anleitungen zum sozialen Lernen für Paare, Gruppen und Erzieher, Hamburg 1974
Sigrell, B.: Einführung in die Gruppenpsychotherapie, Weinheim ^{2}1974

Soziologie für die Schule, Freiburg ²1974
Spangenberg, K.: Chancen der Gruppenpädagogik, Weinheim 1969
Staehle, W. H.: Organisation und Führung sozio-technischer Systeme, Stuttgart 1973
Teegen/GrundmannRöhrs: Sich ändern lernen, Hamburg 1975
Toman, W.: Familienkonstellationen und ihre Störungen, Stuttgart 1973
Ulich, D.: Gruppendynamik in der Schulklasse, München ⁵1975
Ulich, K.: Sozialisation in der Schule, München 1976
Uhle, R.: Geisteswissenschaftliche Pädagogik und kritische Erziehungswissenschaft, München 1976
Walz, U.: Soziale Reifung in der Schule, Hannover 1960
Weber, E.: Erziehungsstile, Donauwörth 1970
Weiß, C.: Soziologie der Schulklasse, Bad Heilbrunn ⁵1967
Zigann, H.: Einführung in die Familiensoziologie, Kronberg 1977
Zoll/Binder: Die soziale Gruppe, Frankfurt 1966

(d) Sprache und Kommunikation

Abromeit, H.: Das Politische in der Werbung, Opladen 1972
Ammon, U.: Dialekt und Einheitssprache in der sozialen Verflechtung, Weinheim 1973
Aufermann/Bohrmann/Sülzer (Hrsg.): Gesellschaftliche Kommunikation und Information, 2 Bde., Kronberg 1973
Badura, B./Gloy K.: Soziologie der Kommunikation, Stuttgart 1972
Burke, K.: Die Rhetorik in Hitlers »Mein Kampf« und andere Essays zur Strategie der Überredung, Frankfurt 1967
Bense, A.: Erleben in der Gesprächspsychotherapie, Weinheim 1977
Bernstein, B.: Soziale Struktur, Sozialisation und Sprachverhalten, Amsterdam 1970
Bernstein, B., u. a.: Lernen und soziale Struktur, Amsterdam 1970
Bernstein, B.: Studien zur sprachlichen Sozialisation, Düsseldorf ²1973
Bledjian, F./Stosberg, K.: Analyse der Massenkommunikation: Wirkungen, Opladen 1972
Böckelmann, F.: Theorie der Massenkommunikation, Frankfurt 1975
Brede, K., u. a.: Sprache, Handlung und Unbewußtes, Kronberg 1976
Clyne, M.: Forschungsbericht Sprachkontakt, Kronberg 1975
Delgado, M. J.: Die Gastarbeiter in der Presse, Opladen 1972
Dittmar, N./Pieck, B.-O. (Hrsg.): William Labov. Sprache im sozialen Kontext, Kronberg 1977
Dröge/Weißenborn/Haft: Wirkungen der Massenkommunikation, Kronberg 1973

Dyck, J. (Hrsg.): Rhetorik in der Schule, Kronberg 1974
Erckenbrecht, U.: Sprachdenken, Kronberg 1975
Erckenbrecht, U.: Marx' materialistische Sprachtheorie, Kronberg 1975
Faber, G.: Die manipulierte Mehrheit, Tübingen 1971
Feldmann, P.: Programmierte Verkaufsgespräche, München 1974
Flader, D.: Strategien der Werbung, Kronberg 1974
Flavell, J. H., u. a.: Rollenübernahme und Kommunikation bei Kindern, Weinheim 1975
Franke, H. W.: Der manipulierte Mensch, Wiesbaden 1964
Francescato, G.: Spracherwerb und Sprachstruktur beim Kinde, Stuttgart 1973
Goeppert, H. (Hrsg.): Sprachverhalten im Unterricht, München 1977
Goffmann, E.: Interaktionsrituale, Frankfurt 1971
Grimm, H.: Psychologie der Sprachentwicklung, Stuttgart 1976
Grünert, H. (Hrsg.): Politische Reden in Deutschland, Frankfurt 1974
Gülich, E./Raible, W.: Linguistische Textmodelle, München 1977
Gumperz, J. J.: Sprache. Lokale Kultur und soziale Identität, Düsseldorf 1976
Haarmann H.: Soziologie und Politik der Sprachen Europas, München 1975
Haarmann H.: Grundzüge der Sprachtypologie, Stuttgart 1977
Hager, F. (Hrsg.): Die Sprache der Sprachen, Stuttgart 1977
Halbfas/Maurer/Popp (Hrsg.): Sprache, Umgang und Erziehung, Stuttgart 1975
Hannig, Ch. (Hrsg.): Zur Sprache des Kindes im Grundschulalter, Kronberg 1974
Haupenthal, R. (Hrsg.): Plansprachen. Beiträge zur Interlinguistik, Darmstadt 1976
Hauswaldt-Windmüller, B.: Sprachliches Handeln in der Konsumwerbung, Weinheim 1977
Haseloff, O. W. (Hrsg.): Kommunikation, Berlin 1969
Heidelberger Forschungsprojekt »Pidgin – Deutsch«: Sprache und Kommunikation ausländischer Arbeiter, Kronberg 1975
Heintel, E.: Einführung in die Sprachphilosophie, Darmstadt 1972
Hermanns, A.: Sozialisation durch Werbung, Opladen 1972
Holzer, H./Steinbacher, K.: Sprache und Gesellschaft, Hamburg 1972
Hüther, J.: Sozialisation durch Massenmedien, Opladen 1975
Humboldt, W. von: Über die Verschiedenheit des menschlichen Sprachbaues und ihren Einfluß auf die geistige Entwicklung des Menschengeschlechtes, Darmstadt 1949
Januschek, F.: Sprache als Objekt, Kronberg 1976
Juhasz, J.: Probleme der Interferenz, München 1970

Keseling, G., u. a.: Sprach-Lernen in der Schule, Köln 1974
Kleinstück, J.: Verfaulte Wörter, Stuttgart 1974
Kochan, B. (Hrsg.): Rollenspiel als Methode sprachlichen und sozialen Lernens, Kronberg 1974
Kochan, D. C. (Hrsg.): Sprache und kommunikative Kompetenz, Stuttgart 1973
Kursbuch 5: Sprache, Frankfurt 1966
Kursbuch 20: Über ästhetische Fragen, Berlin 1970
Kursbuch 22: Nordamerikanische Zustände, Berlin 1970
Kursbuch 35: Verkehrsform I, Frauen, Männer, Linke, Berlin 1974
Kursbuch 37: Verkehrsformen II, Emanzipation in der Gruppe und die »Kosten« der Solidarität, Berlin 1974
König, G.: Strukturen kindlicher Sprache, Düsseldorf 1972
Labov, W.: Sprache im sozialen Kontext, Kronberg 1975
Lay, R.: Manipulation durch die Sprache, München 1977
Leist, A. (Hrsg.): Ansätze zur materialistischen Sprachtheorie, Kronberg 1975
Leodolter, R.: Das Sprachverhalten von Angeklagten vor Gericht, Kronberg 1975
Lorenzer, A.: Sprachzerstörung und Rekonstruktion, Frankfurt 1973
Lorenzer, A.: Über den Gegenstand der Psychoanalyse – oder: Sprache und Interaktion, Frankfurt 1973
Loretz, N.: Verständigung und Mißverstehen, Stuttgart 1976
Martens, K.: Sprachliche Kommunikation in der Familie, Kronberg 1974
Menge, W.: Der verkaufte Käufer, Frankfurt 1973
Menne, K., u. a.: Sprache, Handlung und Unbewußtes, Kronberg 1976
Merten, K.: Kommunikation, Opladen 1976
Molony/Zobl/Stölting (Hrsg.): Deutsch im Kontakt mit anderen Sprachen, Kronberg 1977
Moser, H. (Hrsg.): Sprachwandel und Sprachgeschichtsschreibung im Deutschen, Düsseldorf 1977
Müller, H.: Überwindung von Sprachbarrieren, Freiburg [4]1975
Naess, A.: Kommunikation und Argumentation, Kronberg 1975
Niepold, W.: Sprache und soziale Schicht, Berlin 1971
Noelle, E.: Öffentliche Meinung und soziale Kontrolle, Tübingen 1966
Oevermann, U.: Sprache und soziale Herkunft, Frankfurt 1972
Ort, M.: Sprachverhalten und Schulerfolg, Weinheim 1976
Platon: Kratylos, Hamburg 1975
Politische Psychologie, Band 8: Politische Beeinflussung. Voraussetzung, Ablauf und Wirkung, Frankfurt 1969
Prokop, D. (Hrsg.): Massenkommunikationsforschung Band I: Produktion, Frankfurt 1972/Band II: Konsumtion, Frankfurt 1973

Quasthoff, U.: Soziales Vorurteil und Kommunikation, Frankfurt 1973
Quasthoff, U. (Hrsg.): Sprachstruktur-Sozialstruktur, Kronberg 1977
Rehbein, J.: Komplexes Handeln, Stuttgart 1977
Reinbeck, L. v.: Salon-Gespräche, München 1970
Römer, R.: Sprache der Anzeigenwerbung, Düsseldorf 1968
Ronneberger, F.: Sozialisation durch Massenkommunikation, Stuttgart 1976
Savigny, E. von: Die Philosophie der normalen Sprache, Frankfurt 1969
Schende, R.: Die Lesestoffe der kleinen Leute, München 1976
Schönbach, P.: Sprache und Attitüden, Bern 1970
Schramm, W. (Hrsg.): Grundfragen der Kommunikationsforschung, München 1964
Seiffert, H.: Sprache heute, München 1977
Seiler, H.: Sprache und Sprachen, Stuttgart 1977
Seminar: Kommunikation, Interaktion, Identität, Frankfurt 1976
Simon, G./Straßner, E. (Hrsg.): Sprechen – Denken – Praxis, Kronberg 1977
Soeffner, H. G. (Hrsg.): Reproduktion, Rezeption, Kommunikation, Kronberg 1977
Spanhel, D. (Hrsg.): Schülersprache und Lernprozesse, Düsseldorf 1973
Sprache und Herrschaft. Die umfunktionierten Wörter, Freiburg 1975
Sternberg/Storz/Süskind: Aus dem Wörterbuch des Unmenschen, München 1962
Storeck, H.: Dirigierte Öffentlichkeit, Opladen 1973
Stuwe, W.: Spezifizierender Sprachgebrauch und Einfühlungsvermögen in die Rolle eines anderen, Bern 1976
Sukale, M. (Hrsg.): Moderne Sprachphilosophie, München 1976
Traugott, E.: Die Herrschaft der Meinung, Opladen 1970
Ullmann, G.: Sprache und Wahrnehmung, Frankfurt 1975
Urban, K. K.: Verstehen gesprochener Sprache, Düsseldorf 1977
Watzlawick/Beavin/Jackson: Menschliche Kommunikation, Bern ^{4}1974
Watzlawick, P. J./Weakland, J. H./Firsch, R.: Lösungen, Bern 1974
Watzlawick, P. J.: Wie wirklich ist die Wirklichkeit, München 1976
Wieczerkowski, W.: Psychologische Aspekte der Zweisprachigkeit, Hamburg 1974
Wieczerkowski, W.: Frühe Zweisprachigkeit, München 1965
Wulf, J.: Presse und Funk im 3. Reich, Gütersloh 1964
Ziegler, J.: Kommunikation als paradoxer Mythos, Weinheim 1976
Zimmermann, A.: Die Massenmedien und ihre Folgen, München 1970
Zimmermann, H. D.: Die politische Rede, Stuttgart 1969
Zoll, R. (Hrsg.): Manipulation der Meinungsbildung, Opladen ^{4}1976

(e) Vorurteilstheorien

Ackermann, P.: Politische Sozialisation, Opladen 1974

Adorno, Th. W., u. a.: The Authoritarian Personality, New York 1950

Adorno, Th. W.: Studien zum autoritären Charakter, Frankfurt 1973

Allport, G. W.: Treibjagd auf Sündenböcke, Bad Nauheim [4]1973

Allport, G. W.: Die Natur der Vorurteile, Köln 1971

Aptheker: The Negro poeple in America, New York 1946

Baschwitz, K.: Hexen und Hexenprozesse, München 1966

Bandura, A./Walters, R. H.: Social Learning and Personality Development, London 1969

Bettelheim, B./Janowitz, M.: Sociale Change and Prejudice, New York 1949

Bibby, C.: Rassen, Gruppen, Vorurteile und Erziehung, Berlin 1959

Boehlich, W. (Hrsg.): Der Berliner Antisemitismusstreit, Frankfurt 1965

Bönsch, M: Soziales Lernen und Vorurteile, Hannover 1972

Buchanan/Cantril: How Nations See Each Other, Urbana 1953

Freyhold, M.: Autoritarismus und politische Apathie, Köln 1970

Gamm, H. J.: Aggression und Friedensfähigkeit in Deutschland, München 1970

Hartley, E. L.: Problems in Prejudice, New York 1946

Hartmann, A.: Toleranz und Christlicher Glaube, Frankfurt 1955

Hartmann, K. D. (Hrsg.): Vorurteile, Ängste, Aggressionen, Köln [2]1975

Heintz, P.: Soziale Vorurteile, Köln 1957

Horkheimer, M./Fromm, E./Marcuse, H.: Studien über Autorität und Familie, Paris 1936

Horkheimer, M.: Über das Vorurteil, Köln 1963

Huß, H./Schröder, A. (Hrsg.): Antisemitismus. Zur Pathologie der bürgerlichen Gesellschaft, Frankfurt 1965

Karsten, A. (Hrsg.): Vorurteil, Darmstadt 1977

Kidder, L. H./Stewart, V.: Vorurteile, Weinheim 1976

Kühn, S.: Toleranz und Offenbarung, Leipzig 1923

Leithäuser, Th.: Formen des Alltagsbewußtseins, Frankfurt 1976

Lowenthal, L./Gutermann, N.: Prophets of Deceit, New York 1949

Massing, P. W.: Vorgeschichte des politischen Antisemitismus, Frankfurt 1959

Manz, W.: Das Stereotyp, Meisenheim 1968

Marcuse, H. u. a.: Aggression und Anpassung in der Industriegesellschaft, Frankfurt 1968

Markefka, M.: Vorurteile, Minderheiten, Diskrimierung, Neuwied [3]1977

Mitscherlich, A. (Hrsg.): Bis hierher und nicht weiter – Ist die menschliche Aggression unbefriedbar? München 1969

Mitscherlich, A.: Die Idee des Friedens und die menschliche Aggressivität, München 1970
Mitscherlich, A./Mitscherlich, M.: Die Unfähigkeit zu trauern, München 1967
Müller, H.: Rassen und Völker im Denken der Jugend, Stuttgart 1967
Myrdal, G.: An American Dilemma, New York 1944
Newcomb T. M./Hartley, E. L. (Hrsg.): Readings in Social Psychologie, New York 1947
Poliakov, L./Wulf, J.: Das Dritte Reich und seine Diener, Berlin 1956
Politische Psychologie, Band 3: Vorurteile, ihre Erforschung und ihre Bekämpfung, Frankfurt 1964
Quasthoff, U.: Soziales Vorurteil und Kommunikation, Frankfurt 1973
Rattner, J.: Psychologie und Vorurteile, Zürich 1971
Sacher, W.: Urteilsbildung oder Emanzipation, Freiburg 1976
Schmidt/Brunner/Schmidt–Mummendey: Soziale Einstellungen, München 1975
Sodhi, K. S./Bergius, R.: Nationale Vorurteile, Berlin 1953
Sterling, E.: Er ist wie du, München 1956
Strzelewicz, W. (Hrsg.): Das Vorurteil als Bildungsbarriere, Göttingen [2]1970
Wolff, R. P./Moore, B./Marcuse, H.: Kritik der reinen Toleranz, Frankfurt 1966

(f) Aggression

Adler, A.: Praxis und Theorie der Individualpsychologie, Frankfurt 1974
Ammon, G.: Gruppendynamik der Aggression, Berlin 1971
Dahmer, H.: Libido und Gesellschaft, Frankfurt 1973
Denker, R.: Angst und Aggression, Stuttgart 1974
Dollard, J. u. a.: Frustration und Aggression, Weinheim [5]1973
Elias, N.: Über den Prozeß der Zivilisation, 2 Bde., Frankfurt 1976
Freud, S.: Abriß der Psychoanalyse, Das Unbehagen der Kultur, Frankfurt 1974
Fromm, F.: Analytische Sozialpsychologie und Gesellschaftstheorie, Frankfurt 1970
Fromm, E.: Anatomie der menschlichen Destruktivität, Stuttgart 1974
Fromm, E.: Aggression und Charakter, Zürich 1975
Fromm, E.: Haben und Sein, Stuttgart 1974
Fürntratt, E.: Angst und instrumentelle Aggression, Weinheim 1974
Gantzel, K. S.: System und Akteur. Beiträge zur vergleichenden Kriegsursachenforschung, Düsseldorf 1972

Hacker, F.: Aggression, Hamburg 1973
Horn, K.: Dressur oder Erziehung, Frankfurt 1967
Horn, K.: Psychoanalyse – Kritische Theorie des Subjektes, Frankfurt 1972
Koch, J. J. (Hrsg.): Altruismus und Aggression, Weinheim 1976
Kraußlach, J./Düwer, F. W./Fellberg, G.: Aggressive Jugendliche, München 1976
Krippendorf, E. (Hrsg.): Friedensforschung, Köln 1968
Levitt, E.: Die Psychologie der Angst, Stuttgart 1971
Lorenz, K.: Das sogenannte Böse, München 1974
Mantell, D. H.: Familie und Aggression, Frankfurt 1972
Marcuse, H.: Triebstruktur und Gesellschaft, Frankfurt 1973
Marcuse, H. u. a.: Aggression und Anpassung in der Industriegesellschaft, Frankfurt 1968
Mees, U.: Vorausurteil und aggressives Verhalten, Stuttgart 1974
Mercier, A. (Hrsg.): Aggression und Toleranz, Bern 1976
Michaelis, W.: Verhalten ohne Aggression? Versuch zur Integration der Theorien, Köln 1976
Mitscherlich, A.: Auf dem Weg zur vaterlosen Gesellschaft, München 1963
Mitscherlich, A. (Hrsg.): Bis hierher und nicht weiter, München 1969
Mitscherlich, A.: Die Idee des Friedens und die menschliche Aggressivität, München 1970
Montagu, A. (Hrsg.): Mensch und Aggression, Weinheim 1974
Neidhardt, F.: Aggression in unserer Gesellschaft, München 1973
Pear, Th. H. (Hrsg.): Psychological Factors of Peace and War, New York 1950
Plack, A.: Die Gesellschaft und das Böse, München 1967
Politische Psychologie: Die politische und gesellschaftliche Rolle der Angst, Frankfurt 1967
Rattner, J.: Aggression und menschliche Natur, Frankfurt 1972
Robert, M.: Sigmund Freud – Zwischen Moses und Ödipus, München 1975
Schmidt–Mummendey, A./Schmidt, H. (Hrsg.): Aggressives Verhalten. Neue Ergebnisse der psychologischen Forschung, München 1976
Senghaas, D.: Abschreckung und Frieden, Frankfurt 1969
Senghaas, D.: Aggressivität und kollektive Gewalt, Stuttgart 1969
Selg, H. (Hrsg.): Zur Aggression verdammt? Stuttgart 1971
Ullmann, D.: Aggression und Schule. Reihe: Unterrichtsmodelle zur Friedenserziehung, hrsg. von Christel Küpper, München 1974
Weingarten, A./Willms, S.: Umgang mit aggressiven Verhaltensweisen, Stuttgart 1976

(g) Vorurteilssubjekt und Vorurteilsobjekt

Ackermann, N. W./Jahoda, M.: Anti-Senitism and Emotional Disorder, New York 1949

Arendt, H.: Elemente und Ursprünge totaler Herrschaft, Frankfurt 1962

Baldwin, J.: Schwarz und Weiß, Hamburg 1963

Baldwin, J.: 100 Jahre Freiheit ohne Gleichberechtigung, Hamburg 1964

Beschwitz, K.: Hexen und Hexenprozesse, München 1966

Boehlich, W. (Hrsg.): Der Berliner Antisemitismusstreit, Frankfurt 1965

Brigham, J. C./Weissbach, Th. A.: Racial Attitudes, New York 1972

Claude, J. L.: Natioal Minorities, Cambridge/Mass, 1955

Clebert, J.-P.: Das Volk der Zigeuner, Frankfurt 1967

Delgado, M. J.: Die Gastarbeiter in der Presse, Opladen 1972

Danckert, W.: Unehrliche Leute – die verfemten Berufe, Bern 1963

Eyferth, K./Brandt, U./Hawel, W.: Farbige Kinder in Deutschland, München 1960

Förster, W.: Das Rassenproblem in den USA, München 1973

Gamm, H. J.: Judentumskunde. Eine Einführung, München ²1960

Genschel, H.: Die Verdrängung der Juden aus der Wirtschaft im Dritten Reich, Göttigen 1966

Gerlach-Praetorius, A.: Das Vorurteil, Hamburg 1969

Goldschmied, M.: Black Americans and white racism, New York 1970

Hammes, M.: Hexenwahn und Hexenprozesse, Frankfurt 1977

Halsell, G.: Ich war eine Schwarze, Hamburg 1971

Huss, H./Schröder, A. (Hrsg.): Antisemitismus – Zur Pathologie der bürgerlichen Gesellschaft, Frankfurt 1965

Iben, G., u. a.: Randgruppen der Gesellschaft, München ³1976

Jochimsen, L.: Zigeuner heute, Stuttgart 1963

Katz, W./Eyewitness, L.: The Negro in American History, New York 1967

Lewis, N.: Die ehrenwerte Gesellschaft, Frankfurt 1967

Leschnitzer, A.: Saul und David, Heidelberg 1954

Marden, Ch. F.: Minorities in American Society, New York 1952

Markefka, M.: Vorurteile, Minderheiten, Diskriminierung, Neuwied 1974

Massing, P. W.: Vorgeschichte des politischen Antisemitismus, Frankfurt 1959

Noel, D. L.: The Origins of American Slavery and Recism, Chicago 1972

Poliakov, L./Wulf, J.: Das Dritte Reich und die Juden, Berlin 1955

Porter, J.: Black child – white child, Cambridge/Mass. 1971

Raeithel-Thaler, M.: Zwischen Prostitution und Revolution? Die US-Negerin – Vorurteile und Realität, Starnberg 1972

Reichmann, E. G.: Flucht in den Haß, Frankfurt 1956
Reitlinger, G.: Die Endlösung, München [4]1964
Rose, A.: Rassen und Vorurteile, Berlin 1953
Sartre, J. P.: Betrachtungen zur Judenfrage. Psychoanalyse des Antisemitismus, Zürich 1948
Scheffler, W.: Judenverfolgung im Dritten Reich 1933–1945, Frankfurt [3]1961
Silenius, A. (Hrsg.): Vorurteile in der Gegenwart, Frankfurt 1966
Simmel, E. (Hrsg.): Antisemitism, A Social Disease, New York 1946
Spiegel-Redaktion (Hrsg.): Unterprivilegiert, Neuwied 1973
Sterling, E.: Er ist wie du – Frühgeschichte des Antisemitismus, München 1956
Sulzbach, W.: Die zwei Wurzeln und Formen des Judenhasses, Stuttgart 1959
Vogt, H.: Verachtet, gehetzt, verstoßen, Baden–Baden 1968
Wright, R.: Schwarze Macht, Hamburg 1956
Yoors, J.: Die Zigeuner, Stuttgart 1970
Zülch, T. (Hrsg.): Von denen keiner spricht. Unterdrückte Minderheiten – Von der Friedenspolitik vergessen, Hamburg 1975

(h) Verhaltensänderung und Abbau von Vorurteilen

Allport, G. W.: Treibjagd auf Sündenböcke, Berlin 1951
Barres, E.: Die Vorurteilsproblematik im politischen Unterricht, Opladen 1970
Bennis, W. G./Benne, K. D./Chin, R.: Änderung des Sozialverhaltens, Stuttgart 1975
Bibby, C.: Rassen, Gruppen, Vorurteile und Erziehung, Berlin 1959
Blackham, G. J./Silbermann, A.: Grundlagen und Methoden der Verhaltensmodifikation bei Kindern, Weinheim 1975
Borelli, M. B./Spremberg, W.: Minderheiten in der Bundesrepublik: Das Beispiel Gastarbeiter, Stuttgart 1973
Brown, S. W.: Überwinde deine Vorurteile, Berlin 1949
Brusten, M./Hurrelmann, K.: Abweichendes Verhalten in der Schule, München 1975
Christian, W. u. a.: Lohnarbeit – am Beispiel der Gastarbeiter, Frankfurt 1973
Essinger, H.: Ausländische Arbeiter in unserer Gesellschaft, Band 1: Grundschule, München 1974
Friedrich-Ebert-Stiftung: Überwinde deine Vorurteile, Bonn 1960

Gamm, H.-J.: Aggression und Friedensfähigkeit in Deutschland, München 1968
Gleiss, J./Seidel, R./Abholz, H.: Soziale Psychiatrie, Frankfurt 1973
Halder, P.: Verhaltenstherapie, Stuttgart 1973
Hartmann, A.: Toleranz und christlicher Glaube, Frankfurt 1955
Hennenhofer, G./Heil, K. D.: Angst überwinden, Hamburg 1975
Hering, S.: Strategien sozialen Lernens, Opladen 1973
Kastner, P. M.: Domestizierte Kreativität, Starnberg 1973
Keckeisen, W.: Die gesellschaftliche Definition abweichenden Verhaltens, München 1974
Keupp, H.: Abweichung und Alltagsroutine, Hamburg 1976
Kiesler, C. A./Collins, B. E./Miller, N.: Attitude Change, New York 1969
Lobner, M. R.: Zur Grundlegung der Friedenserziehung, München 1970
Müller, H.: Rassen und Völker im Denken der Jugend, Stuttgart 1967
Müller, H.: Ausländische Arbeiter in unserer Gesellschaft, Band 2: Sekundarstufe I und II, München 1975
Richter, H.-J.: Verhaltensbeeinflussung im sozialen Feld, Stuttgart 1976
rp-modelle Nr. 9: Gastarbeiter, Sekundarstufe I, Frankfurt/München 1973
Rohr, C.: Verhaltensänderung, München 1972
Sacher, W.: Pädagogik und Vorurteil, Kastellaun 1976
Teegen, F./Grundmann, A./Röhrs, A.: Sich ändern lernen, Hamburg 1975
Triandis, H. C.: Einstellungen und Einstellungsänderungen, Weinheim 1975
Ullmann, D.: Aggression und Schule. Reihe: Unterrichtsmodelle zur Friedenserziehung, hrsg. von Christel Küpper, München 1974
Watson, D. L./Tharp, R. G.: Einübung in Selbstkontrolle. Grundlagen und Methoden der Verhaltensänderung, München 1975
Wolff/Moore/Marcuse: Kritik der reinen Toleranz, Frankfurt 1966

Anhang

Benützte und zitierte Literatur

Adorno, Th. W.: Studien zum autoritären Charakter, Frankfurt 1973
Belotti, E. G.: Was geschieht mit kleinen Mädchen? München 1975
Bintig, A., u. a.: Kritische Einführung in die Sozialpsychologie, Weinheim 1976
Brinkmann, G.: Psychologische Theorien über die Entstehung von Aggression, in: Christel Küpper (Hrsg.): Arbeitshefte der Studiengesellschaft für Friedensforschung, Heft 5, München 1971
Davis, E.: Zum gegenwärtigen Stand der Vorurteilsforschung, in: Politische Psychologie, Band 3: Vorurteile – Ihre Erforschung und ihre Bekämpfung, Frankfurt 1964
Faulkner, W.: Griff in den Staub, Roman, Zürich 1974
Faulkner, W.: Schall und Wahn. Roman, Zürich 1973
Faulkner, W.: Die Unbesiegten, Roman, Zürich 1973
Fetscher, I.: Zur Entstehung des politischen Antisemitismus in Deutschland, in: Huss/Schröder (Hrsg.): Antisemitismus – Zur Pathologie der bürgerlichen Gesellschaft, Frankfurt 1965
Freud, S.: Gesammelte Werke, Band VIII
Freud, S.: Studienausgabe, Bd. V, Frankfurt 1972
Gantzel, K. J.: System und Akteur. Beiträge zur vergleichenden Kriegsursachenforschung, Düsseldorf 1972
Heintz, P.: Soziale Vorurteile, Köln 1957
Hofstätter, P. R.: Einführung in die Sozialpsychologie, Stuttgart ³1963
Hofstätter, P. R.: Sozialpsychologie, Berlin ⁵1973
Homans, G. C.: Theorie der sozialen Gruppe, Köln ³1968
Horkheimer, M.: Traditionelle und kritische Theorie, Frankfurt 1970
Horkheimer, M./Adorno, Th. W.: Dialektik der Aufklärung, Amsterdam 1947
Krappmann, L.: Soziologische Dimensionen der Identität, Stuttgart ²1972
Leschnitzer, A.: Saul und David, Heidelberg 1954
Marcuse, H.: Repressive Toleranz, in: Wolff, R. P./Moore, B./Marcuse, H.: Kritik der reinen Toleranz, Frankfurt 1966
Mead, M.: Mann und Weib, Reinbek o. J.
Miller, A.: Brennpunkt. Roman, Reinbek o. J.
Mitscherlich, A.: Aggression und Anpassung, in: Marcuse, H., u. a.: Aggression und Anpassung in der Industriegesellschaft, Frankfurt 1968
Mitscherlich, A.: Auf dem Wege zur vaterlosen Gesellschaft, München 1963
Müller, H.: Rassen und Völker im Denken der Jugend, Stuttgart 1967
Petry, A.: Link und Camilo, Hamburg 1955
Popitz, H.: Prozesse der Machtbildung, Tübingen 1968
Sartre, J. P.: Betrachtungen zur Judenfrage. Psychoanalyse des Antisemitismus, Zürich 1948
Scheu, U.: Wir werden nicht als Mädchen geboren, wir werden dazu gemacht, Frankfurt 1977

Spitz, R.: Vom Säugling zum Kleinkind. Naturgeschichte der Mutter-Kind-Beziehungen im ersten Lebensjahr, Stuttgart [4]1974
Strzelewicz, W.: Das Vorurteil als Bildungsbarriere, Göttingen 1970
Watzlawick, P.: Wie wirklich ist die Wirklichkeit? München 1976
Watzlawick, P., u. a.: Menschliche Kommunikation, Bern [3]1972
Wellmer, A.: Kritische Gesellschaftstheorie und Positivismus, Frankfurt [2]1969
Wulf, J.: Presse und Funk im Dritten Reich, Gütersloh 1964